高职院校

创新创业人才

培养研究

陈益武◎著

南京出版传媒集团
南京出版社

图书在版编目（CIP）数据

高职院校创新创业人才培养研究 / 陈益武著 . -- 南京 : 南京出版社 , 2023.12

ISBN 978-7-5533-4498-0

Ⅰ . ①高… Ⅱ . ①陈… Ⅲ . ①高等职业教育－人才培养－研究－中国 Ⅳ . ① G718.5

中国国家版本馆 CIP 数据核字（2023）第 241576 号

书　　名　高职院校创新创业人才培养研究
作　　者　陈益武
出版发行　南京出版传媒集团
　　　　　　南 京 出 版 社

社址：南京市太平门街 53 号　　邮编：210016
网址：http：//www.njcbs.cn　　电子信箱：njcbs1988@163.com
联系电话：025-83283893、83283864（营销）　025-83112257（编务）

出 版 人　项晓宁
出 品 人　卢海鸣
责任编辑　金　欣
装帧设计　马静静
责任印制　杨福彬

印　　刷　北京亚吉飞数码科技有限公司
开　　本　710 毫米 ×1000 毫米　1/16
印　　张　13.5
字　　数　214 千字
版　　次　2024 年 4 月第 1 版
印　　次　2024 年 4 月第 1 次印刷
书　　号　ISBN 978-7-5533-4498-0
定　　价　78.00 元

用微信或京东APP扫码购书
用淘宝APP扫码购书

前言

创新创业是国家发展之根,是民族振兴之魂,是个人实现人生价值的重要途径和方式。国家需要通过创新创业来提高经济发展水平,解决社会就业问题,提高生产力发展水平,同时还需要通过创新创业来推动技术进步,实现产业升级和转型。而对于个人来说,创新创业是实现个人价值的重要途径和方式,可以让个人通过创新创业来实现自己的梦想和追求,同时也可以通过创新创业来提高自己的专业技能和综合素质,为未来的发展打下坚实的基础。因此,党中央、国务院高度重视创新创业工作,先后出台了一系列文件和政策来推动创新创业的发展。这些政策和措施包括鼓励创新创业的税收政策、金融支持政策、人才引进政策、知识产权保护政策等。同时,各级政府也积极搭建创新创业平台,为创新创业者提供更好的服务和支持,促进创新创业的快速发展。

在国家提出“创新驱动发展”战略和“大众创业、万众创新”的背景下,社会对创新创业型人才的需求越来越迫切。同时,随着经济结构调整和产业升级,创新创业已成为推动经济发展和社会进步的重要动力。在此背景下,培养具有创新精神和创业能力的高素质人才成为高职院校的重要任务。鉴于此,特撰写了本书。

本书共包括六章内容:第一章为创新创业概述,分别对创新与创业的内涵、创新与创业的关系、高职学生创新意识与思维以及高职学生创新创业教育进行了研究;第二章对高职院校创新创业人才培养的目标与现状进行了探讨;第三章和第四章分别对高职院校创新创业人才培养的模式和准备进行了阐述;第五章对高职院校创新创业人才对创业机会的把握进行了研究,对高职学生把握好创业机会具有积极意义;第六章为高职院校创新创业人才培养的实践探索,分别对创业团队的组建与管理、创业资金的筹措、新企业的创办以及新创企业的有效管理进行了研究。总体来说，本书结构清晰，内容丰富，语言简练。相信本书的出版，能够让高职学生更为深入地了解和掌握创新创业的相关知识，继而提高高职学生的创新精神、创业意识和创业能力，帮助有创业愿望的高职学生实现理想。

本书在撰写过程中，参考了许多创新创业方面的相关著作，在此对相关作者表示衷心的感谢。由于时间仓促，作者水平有限，书中难免存在疏漏与不足之处，恳请各位专家、学者不吝批评指正，欢迎广大读者多提宝贵意见，以便本书日臻完善。

作　者

2023 年 8 月

目录

第一章 创新创业概述

科技的发展，信息的高效传递，人工智能的崛起，以及全球化的推进，这一切都使得我们的社会在短短的几十年里发生了天翻地覆的变化。在这个快速变化的时代，创新创业成为推动社会进步的重要引擎，为我们的未来带来了无限的可能。本章主要对创新创业的相关知识进行简要阐述。

第一节　创新与创业的内涵

一、创新的内涵

（一）创新的概念

创新是指人们为了提高生活质量、满足市场需求而创造的新产品、新技术、新服务、新思想、新方法等行为。这是一种以新思维、新发明和新描述为特征的概念化过程，目的是满足新的需求、解决现有问题、改善现状或开创前所未有的领域。创新可以涉及科学技术、文化艺术、商业模式等多个领域，并可以通过不同的形式实现，如结构创新、网络创新、服务创新新等。创新的实现需要人们不断学习和探索，具备勇于尝试、敢于失败的精神。

（二）创新的特点

创新的特点包括以下几方面（图 1–1）。

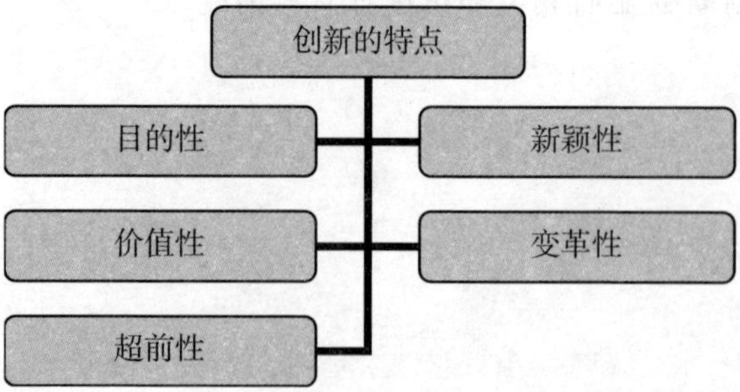

图 1–1　创新的特点

1. 目的性

创新活动具有一定的目的性，创新的目的就是解决实际问题、提高效率、改善质量、降低成本等。创新活动始终以实现特定目标为方向，否则创新就失去了意义。

2. 新颖性

创新是对现有的不合理事物的扬弃，革除陈旧的内容，确立新事物。创新所产生的新事物具有新颖性，是对旧事物的升级或替换，是新旧事物之间的转折点。

3. 价值性

创新有明显、具体的价值，对经济社会具有一定的效益。创新可以带来经济效益、社会效益、环境效益等多方面的价值。创新成果的应用可以推动经济发展和社会进步，提高社会生产力和生活水平，增强国家竞争力等。

4. 变革性

创新是对已有事物的改革和革新，是一种深刻的变革。创新意味着改变、突破、推陈出新，是对现有秩序的挑战和打破。创新既可以对单个事物进行改变，也可以对整个系统或领域进行变革。

5. 超前性

创新以求新为灵魂，具有超前性。这种超前是从实际出发、实事求是的超前。创新基于对现有问题的认知和对未来的预测，因此创新成果往往超前于现实需求，是对未来的预设和准备。

（三）创新的类型

创新的类型可以根据不同的维度和标准进行分类，主要包括以下几种（图 1-2）。

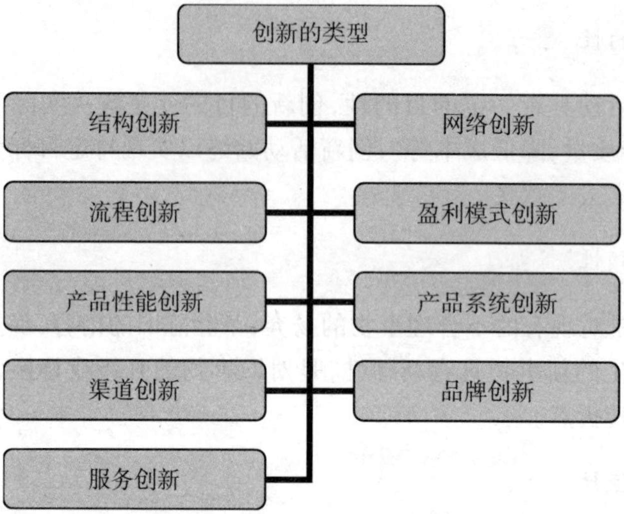

图 1–2　创新的类型

1. 结构创新

结构创新是指通过改变产品的物理特性和功能，提高产品的性能、可靠性和易用性。例如，通过采用新的材料、设计新的零件或者改变产品的结构，以实现产品的优化和升级。

2. 网络创新

网络创新是指通过利用互联网、物联网、人工智能等新技术，实现企业与消费者、企业之间的信息共享、协同生产、资源优化配置等。例如，通过互联网实现远程监控、远程控制、远程服务，通过物联网实现设备之间的信息交换和协同工作，通过人工智能实现数据的分析和预测。

3. 流程创新

流程创新是指通过改进产品的开发、生产、销售等流程，以提高效率、降低成本、增强灵活性等。例如，通过采用精益生产流程、敏捷开发步骤等流程管理方法，以提高生产效率和产品质量，通过采用供应链管理、物流优化等流程管理方法，以提高供应链的效率和可靠性。

4. 盈利模式创新

盈利模式创新是指通过改变企业的盈利模式，例如采用订阅、平台、共享等新模式，以实现更高的利润、更高的市场份额、更高的客户忠诚度等目标。例如，通过采用订阅模式，企业可以获得长期的稳定收入，通过采用平台模式，企业可以吸引更多的用户和商家，通过采用共享模式，企业可以降低成本和提高资源利用效率。

5. 产品性能创新

产品性能创新是指通过提高产品的性能、功能、质量等，满足消费者需求，提高产品的市场竞争力。例如，通过采用新的材料、设计新的零件或者改进生产工艺，提高产品的强度、精度、可靠性等性能。

6. 产品系统创新

产品系统创新是指通过开发全新的产品系统，满足消费者的一站式服务需求，提高产品的市场竞争力和用户满意度。例如，智能家居产品系统，通过将各种家电设备、传感器、智能控制器等集成到一个系统中，为用户提供更加便捷、智能化的生活体验。

7. 渠道创新

渠道创新是指通过改变产品的销售渠道、营销策略等，以满足不同的市场需求，提高市场占有率和销售额。例如，通过线上销售、线下实体店销售、批发等不同渠道，满足消费者不同的消费需求。

8. 品牌创新

品牌创新是指通过改变品牌的形象、定位、传播等方式，提高品牌知名度、品牌忠诚度和市场占有率。例如，通过采用新的广告策略、开展品牌营销活动等，提高品牌的知名度和美誉度。

9. 服务创新

服务创新是指通过改进服务的流程、方式、质量等，以提高服务的效率、满意度和竞争力。例如，通过采用在线客服、智能客服等新技术，提高客户服务的质量和效率，通过提供个性化的服务，提高客户的满意度和忠诚度。

（四）创新的本质

创新的本质包括以下几方面（图 1–3）。

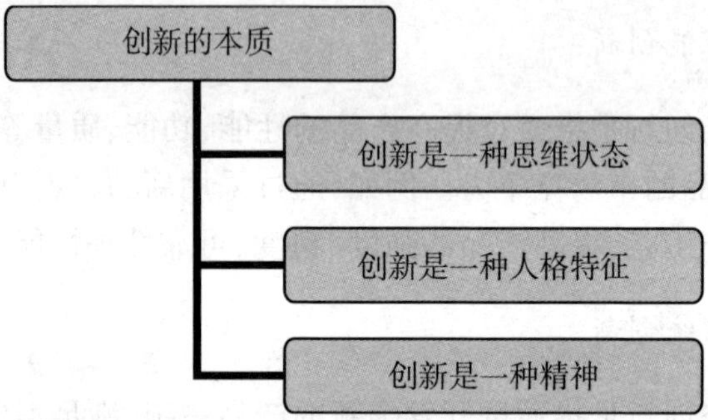

图 1–3　创新的本质

1. 创新是一种思维状态

创新思维是个体在观念层面新颖、独特、灵活的问题解决方式，是一种具有开创性的思维活动。具有创新思维的人通常具备以下特征。

（1）理解深刻，认识新颖

能够深入理解问题的本质，并以新颖的方式思考解决问题的方法。

（2）感受敏锐，思维灵活

能够敏锐地感知到问题的存在，并从多个角度考虑解决问题的办法。

（3）思维辩证，实事求是

能够合理运用逻辑与直觉、正向与逆向等思维方式，不走极端，能够把握事物的中间状态。

2. 创新是一种人格特征

创新人格是创新主体进行创新活动的心智基础和能力基础，具有开放性、好奇心、挑战性等特征。

（1）开放性

具有开放的心态和视野，愿意接受新事物和不同的观点，不局限于传统的思维模式和框架，能够多角度思考问题，寻找多种解决方案。

（2）好奇性

对世界和事物充满好奇心和兴趣，愿意不断探索和了解，不断学习和思考，不断发现新的问题，找到解决问题的思路。

（3）挑战性

不满足于已有的结论和解决方法，勇于挑战传统和常规，寻求更好的解决问题的思路与方法，以及创新性解决方案。

这些特征共同作用，使得创新者能够更好地进行创新活动，创造出新的价值。

3. 创新是一种精神

创新是一种精神，是一种追求卓越、探索未知、突破极限的态度和信念。创新者需要具备勇于尝试、追求进步、不断学习的精神，需要具备敢于冒险、敢于创新的勇气和决心。只有具备这些精神特质，才能更好地推动人类文明的进步和发展。

（五）创新的领域

创新的领域非常广泛，涵盖了科学、技术、经济、文化、教育等各个领域。以下是一些常见的创新领域（图 1-4）。

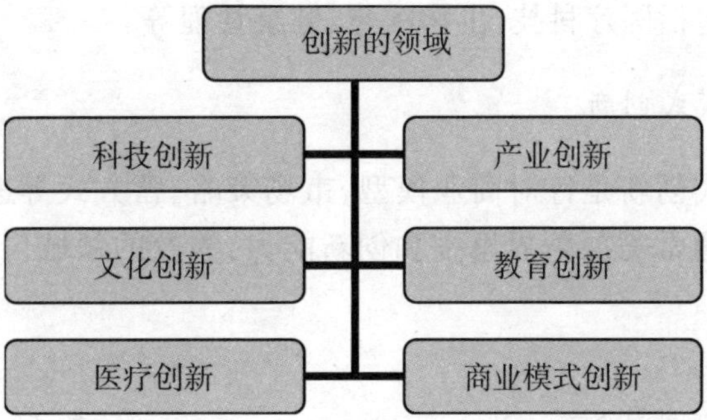

图 1-4　创新的领域

1. 科技创新

科技创新是利用科技手段和方法，进行新的产品、工艺、方法的研究和开发，以实现技术上的突破和创新。科技创新通常需要投入大量的人力、物力和财力，涉及的领域包括高科技、制造业、医疗保健等。

2. 产业创新

产业创新是针对产品技术、产业结构和运营模式等进行创新，以实现产业升级和转型。产业创新通常需要跨界思维和创新能力，涉及的领域包括制造业、服务业、农业等。

3. 文化创新

文化创新是针对文化产品、文化服务、文化活动等进行创新，以实现文化传承和发展。文化创新通常需要跨界思维和创新能力，涉及的领域包括文化产业、文化教育、文化旅游等。

4. 教育创新

教育创新是针对教育方法、教育内容、教育技术等进行创新，以实现教育改革和创新。教育创新通常需要跨界思维和创新能力，涉及的领域包括基础教育、高等教育、职业培训等。

5. 医疗创新

医疗创新是针对医疗技术、医疗设备、医疗药物等进行创新，以实现医疗服务和治疗方式的创新。医疗创新通常需要跨界思维和创新能力，涉及的领域包括医疗科技、生物医药、健康管理等。

6. 商业模式创新

商业模式创新是针对商业模型、市场策略、营方式等进行创新。商业模式创新通常需要跨界思维和创新能力，涉及的领域包括互联网、金融、制造业等。

（六）创新的意义

创新的意义非常深远，具体来说，主要包括以下几方面（图 1–5）。

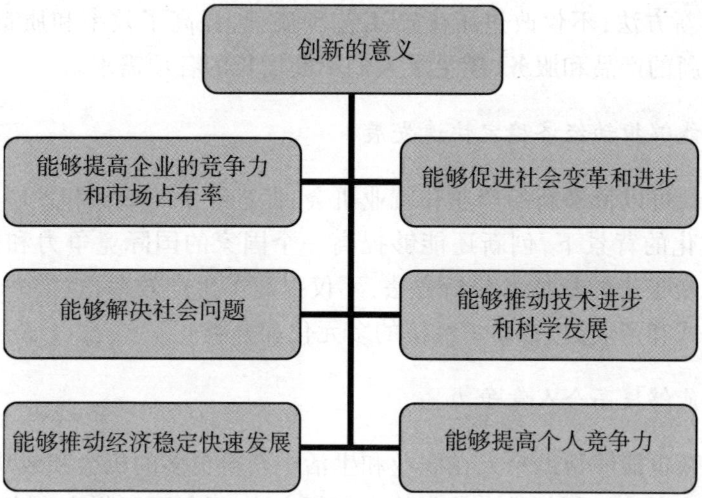

图 1-5 创新的意义

1. 能够提高企业的竞争力和市场占有率

创新可以带来新的产品和服务，改进生产工艺和流程，提高效率和质量，从而增强企业的竞争力，获得更大的市场份额。同时，创新也帮助企业适应市场变化，应对竞争压力，实现高质量可持续发展。

2. 能够促进社会变革和进步

创新可以带来新的思维方式和观念，推动社会的变革和进步，使人类社会更加开放、多元化和先进。创新带来的新技术和新方法，改变了人们的生活方式和工作方式，推动了社会的转型和升级。

3. 能够解决社会问题

创新可以解决社会面临的各种问题，如医疗、教育、环境保护等，提高人民的生活质量和福利水平，增加社会福利。创新带来的新技术和新方法，可以帮助解决社会面临的各类难题，提高公共卫生、教育、环保等领域的服务质量和服务水平。

4. 能够推动技术进步和科学发展

创新是科技进步的重要源泉，新的发明和创造不断涌现，推动科学技术不断向前发展，使得人类社会的生活水平不断提高。创新带来的新技术和新方法，不仅改进了生产工艺和流程，提高了效率和质量，而且带来了新的产品和服务，满足了人们不断增长的各项需求。

5. 能够推动经济稳定快速发展

创新可以带来新的产业和就业机会，促进经济的增长和发展。在经济全球化的背景下，创新还能够提高一个国家的国际竞争力和国际地位。创新带来的新技术和新方法，不仅提高了生产效率，也带来了新的商业模式和产业链，推动了经济的多元化和升级。

6. 能够提高个人竞争力

创新也能够帮助个人在职业和生活中获得更多的机会和成功，提高个人的竞争力。创新带来的新技术和新方法，不仅可以提高个人的工作效率和生活品质，而且有利于个人的发展。

总之，创新是推动人类社会向前发展的重要力量，对于社会和个人都具有重要的现实意义。创新带来的新技术和新方法，不仅推动了科学技术的发展，也带来了新的商业模式和产业链，提高了生产效率和产品或服务质量，改善了人民的生活质量和福利水平，促进了社会的变革和进步。同时，创新有利于个人在工作和生活中获得更多的机会和成功，提高个人的竞争力。

二、创业的内涵

（一）创业的概念

创业是指承担风险的创业者通过寻找和把握创业机会，投入已有的技能知识，配置相关资源，创建新企业，为消费者提供产品和服务、为个人和社会创造价值和财富的过程。

（二）创业的特点

创业是一个涉及多个方面的过程，具有以下特点（图 1-6）。

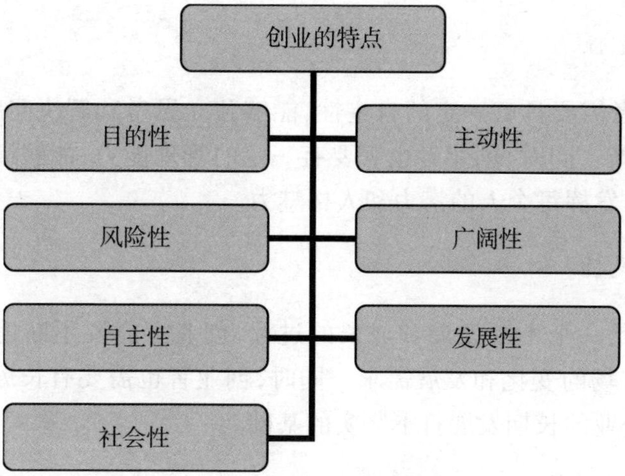

图 1-6　创业的特点

1. 目的性

创业者需要有一个明确的目标，这个目标可以是生存、致富、实现自己的梦想等。创业是一种自我驱动的行为，创业者需要清楚自己为什么要创业，才能更好地制定计划和实现目标。

2. 主动性

创业者需要具有主动性和自主性，能够自主选择适合自己的行业和项目，并有权决定自己的工作方式和时间。创业是一个自主性很强的工作，创业者需要勇于决策和承担责任。

3. 风险性

创业是一个充满风险的过程，需要创业者有风险意识和承受风险的能力。创业的风险包括经济风险、技术风险、市场风险等，创业者需要认真评估和分析这些风险，并制定相应的应对策略。

4. 广阔性

创业的主体和行业不受限制，任何人、任何行业都可以进行创业。创业者可以结合自己的兴趣、志向、知识、技能和市场等，选择适合自己的行业和项目进行创业。

5. 自主性

创业者需要具有一定的自主性，能够独立思考和解决问题，并不断学习和创新。同时，创业者也需要有一定的管理能力，能够组织和管理团队，充分发挥每个人的潜力和人格魅力。

6. 发展性

创业是一个不断发展和成长的过程，创业者需要不断地学习和进步，适应市场的变化和发展需求。同时，创业者也需要有长远的眼光和规划，为企业的长期发展打下坚实的基础。

7. 社会性

创业是一个社会性的活动，需要与社会各界进行交流和合作，同时也需要遵守社会的规则和道德标准。创业者需要关注社会责任和公益事业，积极回馈社会，提升企业形象和影响力。

（三）创业的分类

根据不同的标准，可以将创业分为不同的类型，以下是几种常见的分类方式（表 1–1）。

表 1–1　创业的分类

分类标准	分类	具体阐述
按照创业动机分类	生存型创业	为了生存而进行创业，通常是由于失业等原因无法获得稳定的工作收入，需要依靠创业来谋生
	机会型创业	为了抓住商业机会而进行创业，通常是看到某个行业或市场的商业机会，通过创业来获得更多的利润
	生存加机会型创业	既有生存动机，又有机会动机的创业，通常是在获得一定的收入后，开始追求更多的商业机会

续表

分类标准	分类	具体阐述
按照创业主体分类	高职学生创业	高职学生在校期间或者毕业后进行的创业，具有创新性、激情性、年轻性等特点
	农民创业	农民利用自己的土地、资源、技能等进行的创业，具有本土性、小型性、实业性等特点
	失业者创业	失业者利用自己的经验、技能、资源等进行的创业，具有灵活性、广泛性、实业性等特点
	退休者创业	退休者利用自己的经验、技能、资源等进行的创业，具有灵活性、广泛性、休闲性等特点
	残疾者创业	残疾者利用自己的技能、资源等进行的创业，具有勇气性、勤奋性、创新性等特点
	辞职者创业	辞职者放弃原有的工作，根据自己的兴趣、技能、资源等进行的创业，具有冒险性、创新性、自主性等特点
	兼职者创业	兼职者在从事本职工作的同时，根据自己的兴趣、技能、资源等进行的创业，具有灵活性、广泛性、创新性等特点
按照创业项目性质分类	传统技能型创业	利用传统的技能、经验等进行的创业，通常需要投入较多的时间和精力
	高新技术型创业	利用高新技术进行的创业，通常需要具备专业知识和技能
	知识服务型创业	利用自己的专业知识、技能等提供的服务型创业，通常需要较高的综合素质和能力
	体力服务型创业	利用自己的体力、劳动力等提供的服务型创业，通常需要具备坚韧和耐力等素质
按照创业形式分类	个人创业	个人独立进行的创业，具有独立性、自主性、创新性等特点
	团队创业	多个个人组成的团队进行的创业，具有协作性、集体性、创新性等特点
	企业创业	大型企业进行的创业，具有规模性、稳定性、创新性等特点
	家庭创业	家庭进行的创业，具有家庭性、小型性、亲情性等特点
	社区创业	社区进行的创业，具有社区性、公益性、创新性等特点

续表

分类标准	分类	具体阐述
按照创业领域分类	科技创业	利用科技手段进行的创业，包括互联网、人工智能等领域的创业
	文化创意创业	利用文化创意进行的创业，包括设计、广告、文化传媒等领域的创业
	社会企业创业	利用社会企业模式进行的创业，通常是为了解决社会问题、改善社会环境等目标而进行
	商业创新创业	利用商业创新进行的创业，包括商业模式创新、产品创新、服务创新等领域的创业

（四）创业的要素

创业是一项复杂的系统工程，需要具备多个要素才能确保这项工程的成功完成。创业的要素包括以下几方面（图 1–7）。

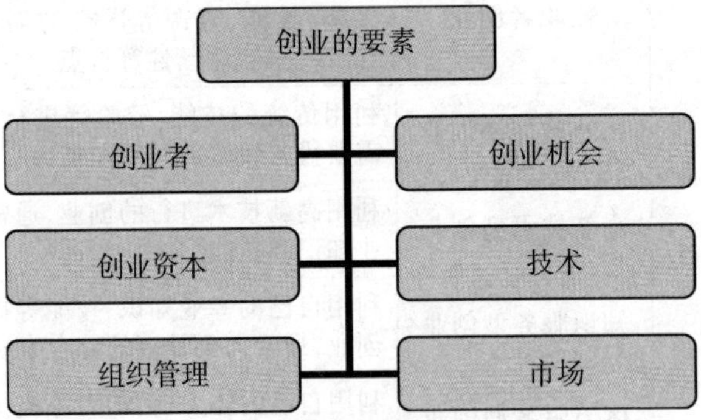

图 1–7　创业的要素

1. 创业者

创业的核心是创业者，他们需要有独特的市场洞察力、领导力、创新思维和决心等素质，来引领企业走向成功。

2. 创业机会

创业机会是创业者可以利用的商业机会，是创业的起点。创业机会通常是由潜在的商业需求或市场空白所引发的，它为创业者提供了开展业务的机会。在创业过程中，发现和利用商业机会是至关重要的，因为这可以帮助企业在市场上获得竞争优势，并实现盈利和成长。

创业机会需要具备一定的可行性和可靠性。创业者需要对商业机会进行评估和分析，确定其潜在的价值和市场前景，并制定相应的行动计划和策略。只有具备可行性和可靠性的商业机会，才能成为创业者可以利用的商业机会，并最终实现创业成功。

3. 创业资本

资本对于创业来说非常重要，就像血液对于人的重要性一样。创业需要一定的资本来支持其付诸实施，没有足够的资本，创业行为就难以实现。

资本对于创业的重要性主要体现在以下几个方面。

（1）资本是创业的启动资金

创业需要启动资金，没有足够的启动资金，就无法开始创业。

（2）资本是创业的运营资金

创业过程中需要资金不断地投入，例如扩大规模、改进产品或服务、推广营销等，这些都需要一定的运营资金。没有足够的运营资金，创业就难以维持正常的运营。

（3）资本是创业的风险保障

创业存在一定的风险，可能会遇到各种困难和挑战，需要有足够的资本来应对风险和挑战。资本可以为创业提供风险保障，支持创业者不断尝试和探索新的商业模式和创新。

因此，资本对于创业来说是非常重要的，创业者需要认真考虑如何获取资本支持，制定合适的融资计划和策略，以确保创业能够顺利开展并成功实现。

4. 技术

技术是创业者将创业意向付诸实施的手段、途径、工具和方法之一。在创业过程中，技术是非常重要的一部分，它可以帮助创业者实现其创业愿景和目标。

技术对于创业的重要性主要体现在以下几个方面。

（1）技术是创业的核心竞争力

在竞争激烈的市场中，技术是创业者获得竞争优势的重要因素之一。通过技术的创新和应用，可以提供更好的产品或服务，满足消费者的需求，获得市场的认可和信任。

（2）技术是创业的推动力

技术的发展和进步可以推动创业的快速发展和成长。新技术的出现可以为创业提供新的机会和挑战，促进创业企业的创新和变革。

（3）技术是创业的创新源泉

技术是创业创新的重要源泉，通过技术的创新和应用，可以创造出新的产品或服务，实现创业的成功。

5. 组织管理

组织管理，主要从扁平化组织架构、系统化管理制度、标准化工作流程、规范化执行保障四个方面来强调提升组织管理效益。

6. 市场

市场是创业者创业的舞台，对于创业者来说，在市场的舞台上，适者生存是必须面对的现实。要获得成功，创业者必须要做到以下几方面。

（1）了解市场

创业者需要了解市场的情况，包括市场需求、竞争格局、消费者需求等，以便判断市场是否能够为其提供创业的空间。只有了解市场，才能更好地制定创业策略和计划。

（2）驾驭市场

创业者需要学会驾驭市场，根据市场的变化采取相应的策略和措施，以赢得市场。这包括市场定位、产品创新、营销策略等方面，需要创业者具备敏锐的市场洞察力和灵活的应变能力。

（3）打造品牌

在市场竞争中，品牌是一种无形的资产，能够提升企业的知名度和美誉度，增强企业的竞争力。创业者需要注重品牌的打造，提升品牌的影响力和价值。

（4）管理团队

创业者需要建立一支优秀的团队，并有效地管理团队，发挥团队成员的作用和潜能，以实现企业的目标。

（五）创业的意义

概括来说，创业的意义主要包括以下几方面（图 1-8）。

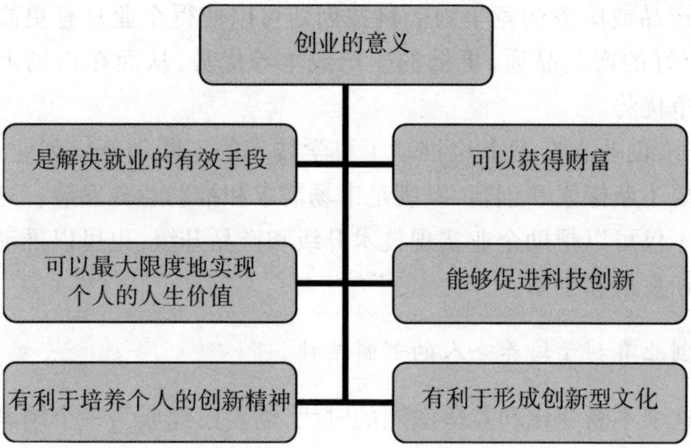

图 1-8　创业的意义

1. 创业是解决就业的有效手段

创业意味着创造新的就业机会，为社会创造更多的价值，如果创业取得成功，这不仅可以解决自己的就业问题，也可以为其他人提供就业机会，从而推动整个社会的发展。所以说，创业是解决就业的有效手段之一，它需要勇气、创新和努力。

2. 创业可以获得财富

创业成功的公司通常能够通过创新的产品或服务，满足市场需求，获得市场份额和客户认可，从而获得利润。

3. 创业可以最大限度地实现个人的人生价值

创业可以最大限度地实现个人的人生价值，因为创业给个人提供了自我实现和追求个人目标的机会。通过创业，个人可以发挥自己的才华和创新能力，实现自己的梦想和愿景，同时也可以为社会创造更多的价值，推动社会的发展。

4. 创业能够促进科技创新

当今竞争激烈的市场环境中，采用最新科技已经成为企业成功的重要因素之一。

新生型企业想要在激烈的市场竞争中站稳脚跟，需要采用最新科技来提高产品或服务的竞争力。科技创新可以使得企业具有更高的生产效率、更好的产品品质、更低的生产成本等优势，从而在市场上获得更大的竞争优势。

此外，创业在客观上也推动了科学技术的不断创新。创业过程中，企业需要不断探索和创新，以满足市场需求和推动业务发展。这种创新的过程不仅可以帮助企业实现技术升级和产品升级，也可以推动科学技术的不断发展和创新。

5. 创业有利于培养个人的创新精神

在这个不断变化和竞争激烈的时代，创新已经成为一个国家发展的重要驱动力。高职学生作为中国最广泛且具有活力的群体，具有创业冲动和欲望，是培养创新精神的重要对象。通过创业活动，高职学生可以接触到更多的新鲜事物，接触到更多的商业机会和商业模式，从而激发创新精神。

6. 创业有利于形成创新型文化

通过创业，可以鼓励人们勇于尝试新事物、勇于创新、敢于冒险，从而形成创新型文化。创新型文化可以激发人们的创造力和创新精神，推动科学技术的不断创新和发展，同时也为企业提供更多的商业机会和商业模式，提高企业的竞争力和市场地位。

第二节　创新与创业的关系

创新和创业是相辅相成、无法分开的，二者相互促进又相互制约，是密不可分的辩证统一体。

一、创新是创业的起点

创新是创业的起点，是创业成功的关键因素之一。它为创业者提供了新的商业机会和竞争优势。创业者通过引入新的技术、产品或服务，或者通过商业模式、管理方式的创新，来满足市场或消费者的需求，并获得商业成功。

二、创新是创业的基础

创新在创业中确实扮演了非常重要的角色。创业本身就是一个创新的过程，创业者需要找到新的方法来解决现有市场的问题或者满足消费者的需求。创新可以是产品、服务、商业模式或管理方式等各方面的。

创新可以为创业者提供独特的商业机会。通过开发新产品或服务，创业者可以进入新的市场或改进现有的市场。创新也有助于提高产品或服务的竞争力，因为消费者通常会选择最先进、最有效和最具创新性的产品或服务。

此外，创新也是推动经济增长和社会进步的关键因素。通过创新，我们可以提高生产效率，降低生产成本，提供更好的产品和服务，改善人们的生活质量。

因此，创新确实是创业的基础，没有创新，创业就难以成功。但是，创新也需要与市场和消费者需求相匹配，否则即使再有创新性，也难以取得商业成功。

三、创业推动着创新

创业对于创新有着积极的推动作用。创业可以提供创新的机会和动力，推动创新向实际应用转化，实现创新的价值。

第一，创业可以提供创新的机会。创业者通常会从市场的需求和挑战中发现问题，寻求创新的机会，通过创新来满足市场和消费者的需求，从而实现商业成功。创业者的创新行为可以推动市场的变革和进步，为经济的发展提供新的动力。

第二，创业可以推动创新向实际应用转化。创新不仅仅是一种新的思想或技术，更是一种实际的应用和实践。创业可以将创新的理念和技术转化为实际的产品或服务，实现创新的价值和意义。

第三，创业可以提供创新的动力。创业是一种追求成功和进步的行为，它需要不断地创新和改进。创业者通过不断创新来寻找新的商业机会，打造独特的产品或服务，提供更好的用户体验和价值，从而推动市场的变革和进步。

四、创业实现创新价值

创业者可能不是创新者或是发明家，但他们必须具有发现潜在商机和敢于冒险的精神。创业者是商业领域的实践者，他们需要具备一定的商业眼光和市场洞察力，能够发现潜在的商业机会并冒险去探索和实现。而创新者是专注于创新技术和产品开发的人，他们通过不断探索和尝试，创造出新的技术、产品或服务，创新者需要通过创业来实现创新的商业价值，将创新成果推向市场，使潜在的价值市场化，转化为现实生产力。

第三节　高职学生创新意识与思维

一、高职学生的创新意识

（一）创新意识的概念

创新意识是指人们根据社会和个体生活发展的需要，激起创造前所未有的事物或观念的动机，并在创造活动中表现出的意向、愿望和设想。创新意识包括创造动机、创造兴趣、创造情感和创造意志。

1.创造动机

创造动机是创造活动中的动机和意愿，是创造力的基础和核心。它来源于个体的内部需求和外部环境的刺激，是人们从事创造活动并引导活动方向的动力。

2. 创造兴趣

创造兴趣能够推动人们积极探索和追求新奇的事物,这种心理倾向可以激发人们的创造力和想象力,促进创造活动的成功。

3. 创造情感

创造情感是指人们在创造活动中表现出的情绪和情感体验,包括热情、激情、喜悦、自豪、自信、焦虑、失望等。正确的创造情感可以激发人们的创造力和想象力,推动创造活动的进展和成功。相反,不正确的创造情感可能会阻碍创造力的发挥,导致创造成果不尽如人意。因此,培养和激发正确的创造情感是创造力开发的重要内容。

4. 创造意志

创造意志是指在创造活动中克服困难、冲破阻碍的心理因素,具有目的性、顽强性和自制性。

(二)创新意识的类型

创新意识是创新过程中的重要组成部分,它可以帮助我们提出新的想法和解决方案,推动创新的发展和进步。概括来说,创新意识主要包括以下几种类型(图 1–9)。

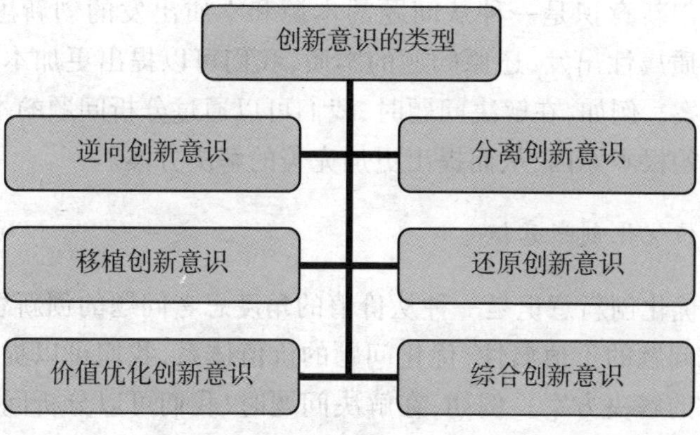

图 1–9　创新意识的类型

1. 逆向创新意识

逆向创新意识是一种独特的创新思维，它从问题的相反方向去思考，尝试从不同的角度去看待问题，提出独特的解决方案。例如，在解决问题时，我们可以尝试反转问题的条件、情境或假设，从相反的角度去看待问题，这有助于我们发现新的解决方案和角度。

2. 分离创新意识

分离创新意识是一种将问题或解决方案分解成不同部分的创新思维方法。通过将问题分解为各个部分，我们可以分别进行研究和探索，最终整合各个部分的优势，提出全新的解决方案。例如，在解决问题时，我们可以将问题分解为不同的部分，分别进行研究和分析，最终整合各个部分的结果，提出完整的解决方案。

3. 移植创新意识

移植创新意识是一种借鉴其他领域或事物的原理、方法、技术等，将其应用到当前领域或问题中的创新思维方法。通过移植其他领域的技术和经验，我们可以提出新的解决方案或创新应用。例如，将人工智能技术应用到医疗领域，可以提升医疗水平和效率。

4. 还原创新意识

还原创新意识是一种从问题的本源和本质出发的创新思维方法。通过从本质属性出发，还原问题的本质，我们可以提出更加本质和基础的解决方案。例如，在解决问题时，我们可以通过分析问题的本质属性，找到问题的根本原因，从而提出更加完美的解决方案。

5. 价值优化创新意识

价值优化创新意识是一种从价值的角度思考问题的创新思维方法。通过关注问题的价值属性，优化问题的价值体系，我们可以提出更加优秀和高效的解决方案。例如，在解决问题时，我们可以分析问题的价值要素，找到问题的价值关键点，提出能够提升问题价值的解决方案。

6. 综合创新意识

综合创新意识是一种综合多个创新思维和方法的创新思维方法。通过融合不同的创新元素和思想，提出更加综合和系统的解决方案。例如，在解决问题时，我们可以综合运用逆向思维、分离思维、移植思维等多种创新思维方法，提出更加全面和创新的解决方案。

（三）高职学生创新意识的特征

高职学生创新意识的特征主要包括以下几个方面（图 1–10）。

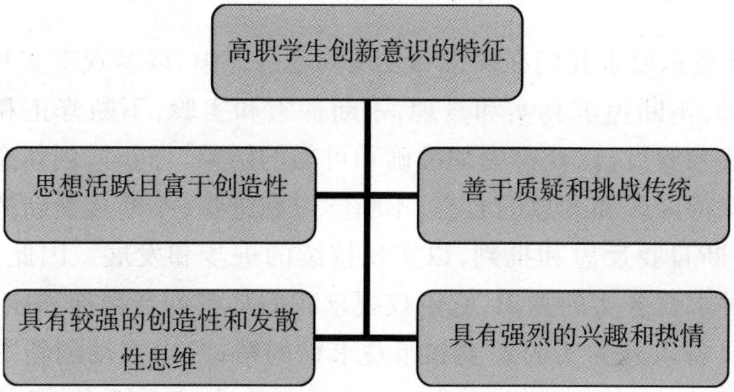

图 1–10　高职学生创新意识的特征

1. 思想活跃且富于创造性

高职学生通常思维活跃，不因循守旧，具有创造性和批判性。他们愿意标新立异，独树一帜，追求创新精神和创新思维。

2. 善于质疑和挑战传统

高职学生通常敢于对权威、书本和老师提出质疑，不盲目听从，而是通过自己的思考和探索，挑战传统，寻找新的解决方案和思考方式。

3. 具有较强的创造性和发散性思维

高职学生常常能够从多个角度思考问题，提出独特的见解和解决方案，具有较强的创造力。

4. 具有强烈的兴趣和热情

高职学生对创新活动充满兴趣和热情，具有持久的意志品质，愿意长时间投入研究和探索。

需要注意的是，不同个体的创新意识特征可能存在差异，受到个人性格、教育背景、社会环境等因素的影响。

（四）高职学生创新意识的本质

1. 创新意识是一种求真务实的意识

创新意识要求我们在探索和发现问题过程中，以客观事实和实际情况为基础，不断追求真实和真理，不断探索和实验，不断修正和完善自己的想法和假设，以获得更加准确和可靠的结果。同时，创新意识也要求我们保持谦虚和开放的心态，不断学习和进步，不断接受新的知识和意见，不断自我反思和批判，以实现持续的进步和发展。因此，创新意识是一种求真务实的意识，它不仅要求我们具有创新精神和能力，还要求我们具备求真务实的态度和精益求精的精神，以推动创新的发展和进步。

2. 创新意识是一种求新求异的意识

求新求异是创新意识的一种重要体现，它要求高职学生敢于突破常规，不被定式思维所影响，尝试从不同的角度进行思考和解决问题。然而，求新求异并不意味着一味追求新奇或标新立异。相反，求新求异需要建立在客观事实和实际情况的基础上，遵循科学方法和规范，保持理性和客观的态度。在创新过程中，需要避免盲目追求新奇或标新立异，而忽略了问题的本质和实际情况，导致创新失败或创新结果缺乏实际价值。

3. 创新意识是一种问题意识

创新意识也是一种问题意识。培养良好的问题意识是强化创新动机的有效途径。有良好问题意识的人善于发现和提出新的问题，不断探索和发现周围的问题和可能性。同时，问题意识也要求我们保持开放和进取的心态，不断挑战传统的观念和假设，以寻求新的解决方案和途径。

4. 创新意识是一种求变意识

“变”是科学创新中非常重要的一个概念。科学创新是一种不断探索、发现和发展的过程，它需要不断地推翻旧的理论和观念，不断提出新的假设和实验，以逼近更加接近真理的认识。科学创新的过程就是不断变化的过程，通过不断的变革和创新，科学才能不断前进和发展。创新意识因此又表现为求变意识。

（五）高职学生创新意识的作用

高职学生创新意识的作用可以分为以下几个方面（图 1–11）。

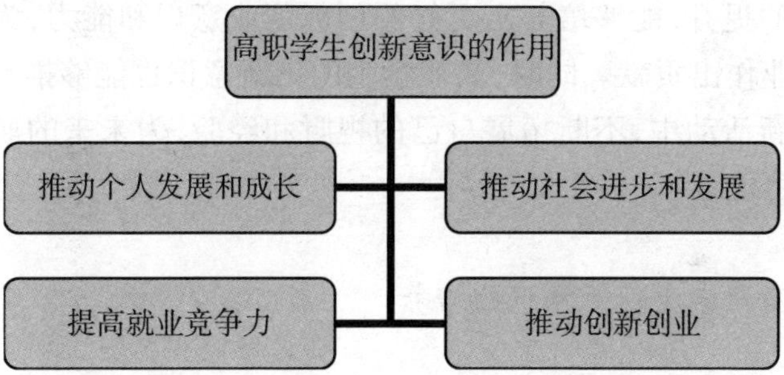

图 1–11　高职学生创新意识的作用

1. 推动个人发展和成长

高职学生的创新意识能够推动他们不断探索、尝试新事物，培养出更好的创造力和想象力，拓展个人的认知和技能，从而推动个人的发展和成长。同时，创新意识也能够激发个人的学习和探索热情，不断挑战自我，不断提高自己的能力和水平，为个人的职业发展提供更多的可能性。

2. 推动社会进步和发展

高职学生的创新意识是社会进步和发展的重要动力之一。他们通过不断探索和创新，推动科学技术的进步和发展，为社会的进步和发展作出贡献。例如，通过技术创新，能够提高生产效率，降低生产成本，提高生活质量；通过文化创新，能够推动文化交流和融合，增强文化多样性和文化自信。

3. 提高就业竞争力

在当今竞争激烈的就业市场中，具备创新意识和能力的高职学生更容易脱颖而出。他们能够为企业带来新的思路和方法，为解决问题提供新的途径和方案，从而提高就业竞争力和职业发展前景。同时，具备创新意识和能力的高职学生也能够更好地适应工作环境和职业发展的变化，不断提高自己的学习能力和适应能力，为企业的发展和竞争提供更好的支持。

4. 推动创新创业

创新意识是创新创业的重要基础和推动力。高职学生通过创新意识和能力的提升，能够培养出更好的创新创业意识和能力，为经济发展和创新创业作出贡献。同时，高职学生的创新意识也能够推动他们参与到各种创新活动中，不断拓展自己的视野和经验，为未来的职业发展提供更多的可能性。

（六）高职学生创新意识的培养

可以通过以下几种方式来培养高职学生的创新意识（图 1–12）。

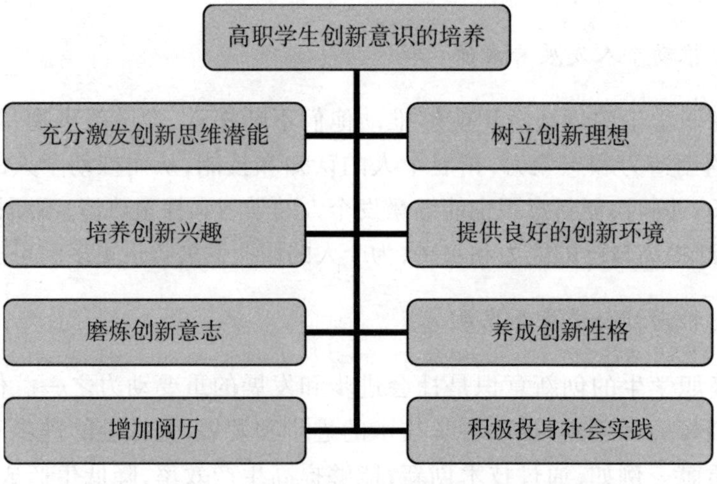

图 1–12　高职学生创新意识的培养

1. 充分激发创新思维潜能

充分激发创新思维潜能是培养高职学生创新意识的重要措施，以下是一些方法。

（1）建立新的实习教学理念

随着科技的发展和知识的快速更新，创新已经成为重要的竞争力。因此，实习教学理念需要从过去注重工艺知识学习转变为注重创新意识和创新能力的培养。

（2）注重学生思考习惯的培养

教师在课堂上应鼓励学生有求异思维、逆向思维和标新立异的想法。创新的开端常常是人们对事物未来的大胆幻想，教师应给学生一定的时间来提出问题，让他们在学习上有一定的自由思维空间。

（3）提供创新实践的机会

学校应提供各种创新实践的机会，如创新项目、创新创业大赛、互联网+大赛等，让学生有机会将所学知识应用于实际，从而激发他们的创新意识和创新能力。

（4）营造创新氛围

学校应营造一个鼓励创新、尊重创新的氛围，对于学生的创新尝试，应给予积极的支持和引导，让他们感受到创新的乐趣和价值。

（5）提供创新指导

对于高职学生来说，可能缺乏创新的经验和知识，因此，学校应提供一定的创新指导，帮助他们理解创新的过程，掌握创新的方法，提高创新的成功率。

2. 树立创新理想

通过明确创新意义、培养兴趣和志向、树立榜样、提供资源和支持以及培养坚韧精神等方式，可以帮助学生树立创新理想，激发他们的创新意识和创新精神，为未来的创新发展打下坚实的基础。

（1）明确创新意义

教师需要帮助学生理解创新的重要性，以及创新对于个人和社会的影响。通过明确创新的含义和意义，可以激发学生的创新热情，引导他们积极探索和尝试。

（2）培养兴趣和志向

教师需要了解学生的兴趣和志向，鼓励他们追求自己真正热爱的事情。通过培养学生的兴趣和志向，可以激发他们对创新的渴望，使创新成为他们的内在需求。

（3）树立榜样

教师可以通过介绍成功创新的案例和人物，让学生了解创新的实践者和成功者是如何实现自己的创新理想的。通过树立榜样，可以激励学生树立自己的创新理想，并为之努力奋斗。

（4）提供资源和支持

学校需要提供学生所需的资源和支持，如图书馆、实验室、创新项目等，让学生有机会实践自己的创新想法。同时，教师也需要给予学生必要的指导和帮助，帮助他们克服困难，实现创新目标。

（5）培养坚韧精神

创新过程中难免会遇到挫折和困难，教师需要培养学生的坚韧精神，让他们学会在面对困难时保持耐心和毅力，不断探索和尝试，最终实现创新理想。

3. 培养创新兴趣

兴趣是需要培养的，而培养的环境就是人的社会实践过程。这一点是非常重要的。只有在社会实践中，人们才能真正了解事物的本质、特点、价值等，从而对某个事物产生兴趣。通过参与社会实践，人们可以接触到各种不同的现象和事物，增加自己的知识水平，提高自己的鉴赏力与理解能力，从而更好地发现和欣赏某个事物的美与价值。

另外，好奇心也是兴趣培养的重要因素。好奇心能够让人们更加关注某个事物，增加自己的想象力和敏感性，从而激发对某个事物的兴趣。通过不断探索和发现新事物，人们可以不断地拓展自己的兴趣范围，提高自己的认知水平，从而更好地适应社会发展的需要。

总之，兴趣的培养需要社会实践的参与，需要好奇心和知识水平的共同作用。只有具备了这些条件，人们才能真正地发现和欣赏某个事物的美与价值，产生持久的兴趣和热爱。

4. 提供良好的创新环境

良好的环境对于高职学生创新意识的激发是非常重要的。家庭环境、学校环境、社会环境、群体环境等都会对高职学生的创新意识产生影响。

（1）家庭环境

家庭环境是高职学生成长的第一课堂，家长的文化素质、教育方式、家庭氛围等都会对高职学生的创新意识产生直接或间接的影响。因此，家长应该注重营造和谐、民主、开放的家庭氛围，鼓励孩子独立思考、探索新事物，培养孩子的创新精神和创新能力。

（2）学校环境

学校环境是高职学生接受创新教育的重要场所，学校应该提供丰富的教学资源、先进的教育手段和开放的教育环境，让学生有机会接触到最新的科技、最前沿的学术动态，激发学生的创新热情和探索欲望。

（3）社会环境

社会环境是高职学生创新的宏观背景，社会应该提供良好的创新氛围、政策支持和资源保障，让高职学生有足够的空间和条件去探索和创新。

（4）群体环境

群体环境是高职学生之间相互影响、相互学习的环境，同学之间的交流、合作、竞争等都会对高职学生的创新意识产生影响。因此，学校应该组织各种创新活动、科技比赛等，让学生有机会与其他同学交流、合作、竞争，从而激发他们的创新意识和创新能力。

5. 磨炼创新意志

创新意志是指人们在创造活动中所表现出的坚定、果断、坚韧不拔的品质，它包括决心、信心、恒心、克服困难的勇气等。只有具备了坚定的创新意志，才能在学习、工作、生活中勇于探索、不断尝试，不断突破自我，不断创新。以下是一些方法可以帮助磨炼创新意志。

（1）培养决心和信心

通过学习和实践，逐渐增强自己的决心和信心，相信自己有能力实现创新目标。

（2）培养恒心

在创新过程中，遇到困难和挫折是难免的，要有持之以恒的决心和毅力，不断努力，不断尝试，直到成功。

（3）培养克服困难的勇气

创新过程中会遇到各种问题和挑战，要勇于面对困难，积极寻找解决方案，不断挑战自我。

（4）增加实践机会

通过参加各种创新比赛、项目等活动，增加实践机会，锻炼自己的创新意志。

6. 养成创新性格

良好的性格特征为创新活动提供了必不可少的心理保障。通过培养好奇心和求知欲、灵活性和创造力、毅力和耐心、独立性和自信心、责任感和主动性等，可以提高学生的创新性格和创新能力，为未来的创新发展打下坚实的基础。想要培养创新性格，可以从以下几个方面着手。

（1）培养好奇心和求知欲

对周围的事物和知识保持好奇心和求知欲，不断探索、发现新事物，提高自己的认知水平和创新能力。

（2）培养灵活性和创造力

克服思维定式，保持灵活的思维和创造力，积极寻求新思路、新方法，不断突破自我。

（3）培养毅力和耐心

在创新过程中，遇到困难和挫折是难免的，要保持毅力和耐心，不断尝试、不断努力，最终实现创新目标。

（4）培养独立性和自信心

相信自己有能力实现创新目标，勇于主动思考、独立决策、自主行动，不依赖他人，不断发挥自己的潜力。

（5）培养责任感和主动性

积极参与创新活动，主动承担责任和任务，不断挑战自我，不断提高自己的创新能力和综合素质。

7. 增加阅历

激发高职学生的创新意识可以从身边的一些事情入手，通过一些生活中的经历，不断提升自己的感情阅历，从而不断提升自身的创新意识。

此外，还可以从自己身边的人或事物中寻找灵感，例如观察身边人的行为、语言、思想等，或者关注社会热点事件，了解大众需求和兴趣，这样能够为自己的创新提供更多的思路和方向。

8. 积极投身社会实践

要开发高职学生的创新思维，培养其创新能力，必须投身社会实践。只有在实践中才能找出想与做的差距，只有在实践中创新理念才能变为现实，也只有在实践中才能让高职学生的创新意识得到真正的发展。

可以通过组织开展社会实践活动，让高职学生接触到实际的工作环境和实际问题，从而激发他们的创新思维和解决问题的能力。同时，社会实践也是让高职学生将所学知识应用于实际的一种有效方式，通过实践中的探索和尝试，他们可以发现自己的兴趣和优势，找到自己的创新方向和目标。

此外，还可以通过创新创业大赛、科技竞赛等方式，让高职学生在竞争和合作中发掘自己的创新潜力，提高自己的创新能力和综合素质。高职院校应该为高职学生提供更多的实践机会和资源，鼓励他们积极参与创新活动，为他们的创新发展提供支持和帮助。

二、高职学生的创新思维

（一）创新思维的概念

创新思维是指一种独特的、新颖的、有创造性的思维方式，它能够打破常规思维模式，从不同的角度、不同的层面去看待问题，从而产生出具有创新性的解决方案。

（二）创新思维的特点

创新思维具有显著的特点，概括来说，主要包括以下几方面（图1-13）。

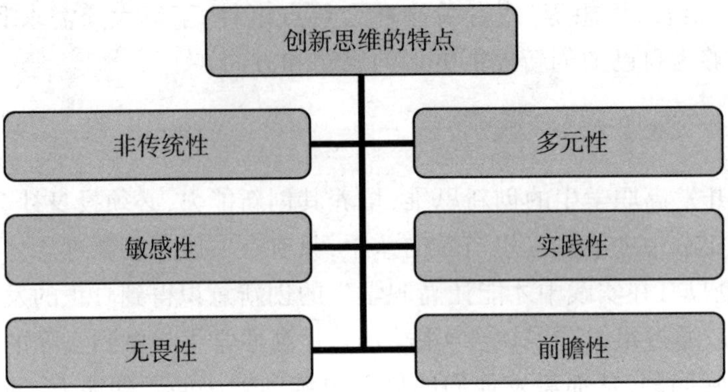

图 1-13　创新思维的特点

1. 非传统性

创新思维能够跳出传统思维模式和约束,不受常规思考方式的限制,能够突破固有思路,采用非传统的方法和手段解决问题。不按照传统的思维定式思考,而是尝试非常规的、非传统的想法和做法,往往能够产生出意想不到的创新性解决方案。

2. 多元性

创新思维需要融合不同领域的知识和经验,将不同的元素进行整合,形成全新的构想。创新思维不仅限于单一领域,它需要跨越不同的学科和领域,从中提取有用的知识和经验,创造出一系列新的想法和解决方案。

3. 敏感性

创新思维需要对外部环境变化敏感,及时发现机会或问题,并且能够快速响应。创新往往来自对市场、技术、文化等外部环境的敏锐观察和反应,需要随时保持对变化的敏感性和响应能力。

4. 实践性

创新不仅仅是想法,更需要实践验证,创新思维需要具备将想法转化为实际方案的能力,并通过实践不断测试和改进,确保想法的可行性和有效性。

5. 无畏性

创新思维需要克服困难和风险，勇于尝试新方法，接受失败并从中学习。创新往往伴随着风险和困难，需要具备无畏的精神和勇气，能够敢于尝试新的想法和方法，并且能够从失败中学习，不断进步。

6. 前瞻性

创新思维需要具备预见未来的能力，对趋势和发展方向有清晰的认知，以便更好地规划未来。创新不仅仅是解决当前问题，更需要在未来趋势和发展方向上具有预见性，能够制定出具有前瞻性的规划和策略。

(三)创新思维的类型

创新思维的类型主要包括发散思维、辩证思维、收敛思维、逆向思维等(图1–14)。

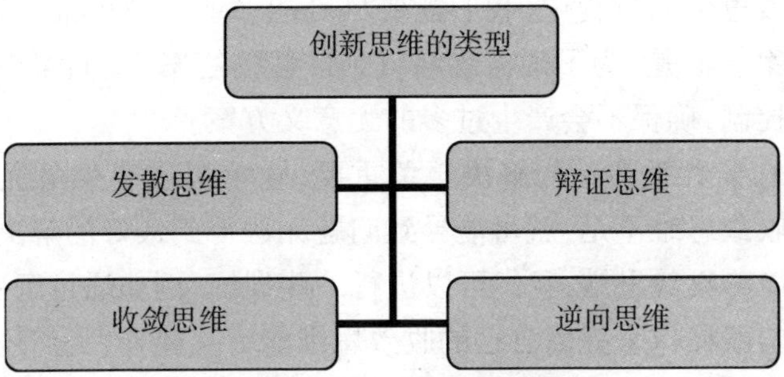

图1–14 创新思维的类型

1. 发散思维

发散思维，又称“辐射思维”“放射思维”“多向思维”“扩散思维”“求异思维”，指在思考问题时，从一个思考点出发，朝着不同的方向思考，以得到多种不同答案的扩散状态。

这种思维模式鼓励人们从不同的角度思考问题，提出独特的解决方案。它是创新思维的重要类型之一，有助于打破传统思维模式，开拓新的思路。

2. 辩证思维

辩证思维是一种科学的思维形式，它要求我们客观地、全面地看待问题，并在头脑中形成对事物的反映。

与其他思维方式相比，辩证思维具有系统性和全面性。它不仅关注事物的各个方面，还关注事物之间的联系和相互作用。通过辩证思维，我们可以更好地理解事物的本质、规律和发展趋势，从而更好地解决问题。

此外，辩证思维还强调实践和经验的重要性，通过实践和经验的积累，我们可以不断修正和完善自己的认知，使辩证思维更加准确和有力。

3. 收敛思维

收敛思维是在发散思维的基础上进行的，它旨在快速寻找实用性的结果。

在收敛思维的过程中，我们需要尽可能多地发散思维，以获得更多的解决方案。但是，为了确保能够得到最佳的答案，我们需要对发散的数量进行控制，确保不会产生过多的无意义方案。

收敛思维对于问题的解决至关重要，它承担着产生最优结果的重任。如果收敛思维不足，就可能导致问题无法得到最好的解决。

为了培养收敛思维，我们可以进行一些训练，例如通过解决问题、进行决策等实践操作来提高自己的收敛思维能力。此外，我们还可以学习一些逻辑推理、分析方法等技能，帮助我们更好地进行收敛思维。

4. 逆向思维

逆向思维是一种遇到问题时，从问题的对立面考虑的思维模式。

这种思维模式鼓励人们挑战权威和习惯，敢于反其道而思之，以出奇制胜。逆向思维可以帮助我们打破传统思维模式，发现新的解决方案，从而更好地解决问题。

在实践中，逆向思维可以帮助我们创新和改进。通过从问题的对立面思考，我们可以发现现有事物的缺陷和不足，从而提出新的想法和改进方案。

（四）创新思维的作用

创新思维在我们的生活和工作中具有重要作用，具体来说，主要包括以下几方面（图1-15）。

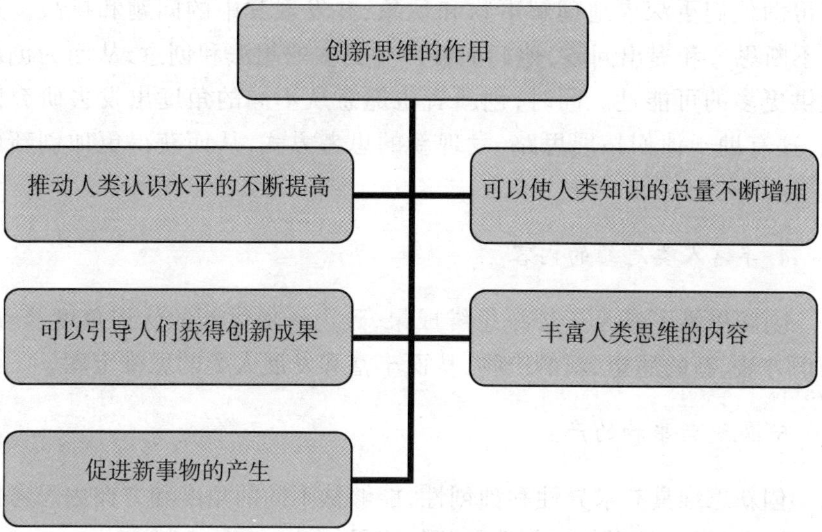

图1-15 创新思维的作用

1. 推动人类认识水平的不断提高

创新思维能力，是无法进行模仿的。这种能力的获得需要从自己的知识面出发，通过创新思维，我们可以将这些能力调动起来，从而提升我们的认识能力。但需要注意的是，这种提升并不是一蹴而就的，需要经过长期的积累和锻炼。因此，我们需要在学习和实践中不断探索和创新，不断挑战自己的思维能力和创造力，才能真正提升自己的认识能力。

2. 可以使人类知识的总量不断增加

创新思维是推动人类探索未知和积累知识的重要力量。通过探索未知的领域和事物，人们能够发现新的知识和理解新的概念，从而帮助人们更深入地理解世界。这种探索过程也可以帮助人们拓宽视野，提高创造力和创新能力，增强解决问题的能力。通过将这些新发现的知识存储在大脑中，人们能够加强对知识的积累，并且能够更好地理解和应用这些知识。

3. 可以引导人们获得创新成果

创新者在探索过程中带着问题对世界进行观察和研究，这种方法可以帮助他们更深入地理解事物和现象，并发现其中的问题和挑战。通过不断思考和提出问题，他们能够产生更多的想法和创意，从而为创新提供更多的可能性。同时，创新者也愿意从不同的角度出发去研究问题，这有助于他们拓展思路，发现新的思考方式，从而获得更加创新的结果。

4. 丰富人类思维的内容

创新思维不满足于传统思维成果，致力于提供新的认识角度、新的认识方法、新的思想、新的产物，从而丰富和发展人类的思维宝库。

5. 促进新事物的产生

创新思维具有求异性和独创性，能够从不同的角度和方向去思考问题，从而发现新的事物和创造出新的成果。

(五)创新思维的开发

1. 创新思维开发的条件

(1)合理的知识结构

合理的知识结构是创新思维开发的重要条件之一。创新思维开发需要具备广泛的知识背景和深入的专业知识，从而能够理解和处理复杂的问题，产生创新的想法和解决方案。一个合理的知识结构可以包括以下几个方面。

①通识教育

通识教育包括人文、社会科学、自然科学等多个领域的知识，帮助人们拓宽视野，了解各种知识和思维方式，培养人们的批判性思维和创新能力。

②专业知识

深入掌握自己所从事领域的专业知识，了解行业最新动态和趋势，从而能够更好地理解和解决领域内的问题。

③跨学科知识

涉及不同领域的知识和技能，如计算机科学、物理学、心理学等，通过跨越学科的融合，产生新的想法和解决方案。

④实践经验

积累实践经验，通过参与实际项目和解决问题，不断培养自己的动手能力和解决问题的能力。

（2）宽松的思维环境

创新思维需要自由、开放、包容和探索的环境，从而能够激发人们的创造力和创新思维。一个宽松的思维环境应该包括以下几个方面。

①自由氛围

鼓励自由思考和自由表达，让人们能够畅所欲言，发表自己的观点和想法，不受限制和约束。

②开放心态

接受和鼓励不同的观点和想法，不断探索和尝试新的思维方式和方法，从而能够产生更多的创新思路和方案。

③包容态度

尊重不同的背景和经验，接纳不同的观点和想法，从而能够激发人们的创造力和创新思维。

④探索精神

鼓励人们不断探索和尝试新的领域和新的想法，不断挑战自己的思维方式和想法，从而能够不断开拓新的领域和新的境界。

（3）良好的思维习惯

良好的思维习惯是创新思维开发的重要条件之一。良好的思维习惯可以使我们更加高效地思考和解决问题，同时也可以帮助我们快速地产生新的想法和创意。良好的思维习惯包括以下几个方面。

①善于发现问题

要善于发现生活中、工作中、学习中存在的问题，并思考如何解决这些问题，从而产生新的想法和创意。

②好奇心和探索欲望

要对世界保持好奇心和探索欲望，不断探索和了解新事物，从而拓宽自己的视野和思维模式。

③独立思考和判断

要保持独立思考和判断的能力，不盲从他人，有自己的见解和想法，从而产生新的创意和解决方案。

④善于沟通和合作

要善于与他人沟通和合作，听取他人的意见和建议，从而拓宽自己的思维视野和思路，产生更多的新想法和创意。

（4）科学的思维方法

科学的思维方法是一种理性思维方法，是通过科学知识和理性思考来进行判断和推理的方法。它具有逻辑性、客观性、实证性和可重复性等特征。

科学的思维方法可以帮助人们更好地理解和分析问题，从而产生新的想法和创意。

2. 创新思维开发的途径

（1）要有丰富的想象力

想象可以帮助人们超越现有的问题和解决方案，发现新的解决方案和思路。同时，想象也可以激发我们的好奇心和探索欲望，推动我们不断学习和探索新的领域。丰富的想象力是创新思维开发的重要条件之一。通过鼓励和引导想象力，可以拓展自己的思维视野，发现更多的可能性，产生更多的新想法和创意，提高自己的创新能力和思维水平。

（2）要扩展思维视角

思维定式是一种消极的东西，它会使我们的头脑忽略定式之外的事物和观念，从而限制我们的创新思维和发展。因此，我们需要努力突破思维定式，以下是一些方法。

第一，通过科学的训练来削弱思维定式的强度。这种训练可以通过多种方式进行，例如创新思维训练、思维导图等。通过这些训练，我们可以提高自己的思维能力，削弱思维定式的强度，从而更好地开发创新思维。

第二，扩展我们的思维视角，学会从多种角度观察同一个问题。这种方法可以帮助我们跳出传统的思维定式，发现更多的问题和解决方案。我们可以通过多阅读、多思考、多了解不同的领域和知识，来扩展自己的思维视角。

(3)要解放束缚,敢于质疑

质疑是创造性学习的重要表现,因为它可以促进深度思考和探索,可以帮助人们产生定向探究反射,从而促进思维的产生和发展。

在培养创造性思维能力的过程中,打破思维束缚是非常重要的一步。这可以鼓励我们多提问、多思考,从而提高我们的发散思维。在发现问题和解决问题的过程中,我们通常需要进行深入思考和分析,这有助于锻炼我们的思维能力。

(六)高职学生常见的思维障碍

高职学生常见的思维障碍主要包括以下几方面(图 1-16)。

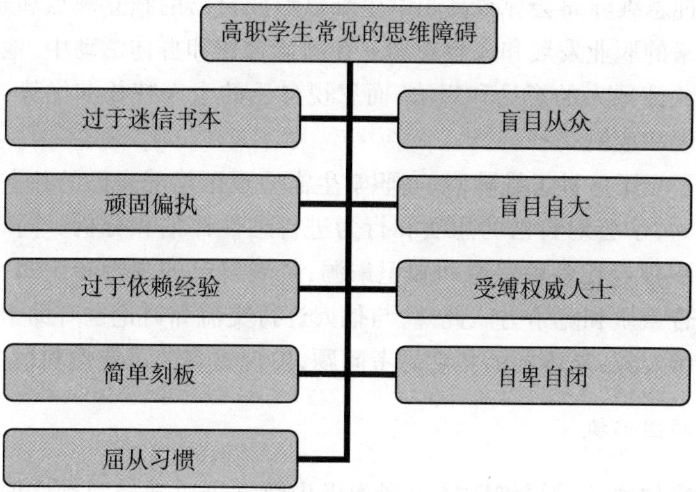

图 1-16 高职学生常见的思维障碍

1. 过于迷信书本

过于迷信书本是高职学生常见的思维障碍。高职学生正在经历从青少年向成年人的过渡阶段,同时他们也要应对各种学业和职业方面的挑战。在这个阶段,他们可能会对书本知识产生过度依赖和迷信,认为书本上的知识就是权威和真理。这种思维障碍会导致高职学生在解决问题时缺乏独立思考和创新意识,他们会倾向于照搬书本上的知识和方法,缺乏灵活应对和解决问题的能力。例如,在解决实际问题时,他们可能会忘记将所学知识应用到实际情境中,或者无法处理一些书本上未提及的情况。

为了克服这种思维障碍，高职学生需要逐渐养成独立思考和判断的习惯，同时也需要积极寻找其他资源和知识来源，如网络课程、实践经验、他人成功和失败的案例等，以扩展自己的知识和视野，提高解决问题的能力。此外，他们也需要多与他人交流和讨论，以促进自己的思考和发现更多的可能性。

2. 盲目从众

盲目从众是高职学生常见的思维障碍之一。在校园生活中，高职学生可能会处于一个相对集中的环境，容易受到其他同学的影响，盲目追随大众观点或行为，缺乏独立思考和判断。

这种思维障碍会导致高职学生难以形成自己的独立观点和态度，不利于未来的职业发展和人生规划。在团队合作和群体活动中，他们可能会过于关注他人的意见和想法，而忽视自己的个人特长和优势，影响个人的表现和成就。

为了克服这种思维障碍，高职学生需要逐渐培养自己的独立思考和判断能力，学会对自己的想法和行为进行理性评估和分析。同时，他们也应该积极寻找各种资源和知识来源，扩展自己的视野和认知，提高自己的综合素质和竞争力。此外，与他人进行交流和讨论也有助于打破自己的思维定式，从不同的角度思考问题，发现更多的可能性和机会。

3. 顽固偏执

顽固偏执这种思维障碍表现为极少数学生对某种观点或信仰的过度坚持和固执，不愿意接受其他人的意见或事实。

这种思维障碍会导致学生难以接受新的知识和观点，限制了他们的思维和认知范围。在学习和实践中，他们可能会坚持自己的方法或想法，不愿意听取他人的建议或指导，导致学习效果不佳或解决问题困难。同时，这种偏执也可能会影响学生的人际关系，导致与其他人产生冲突或疏远。

为了克服这种思维障碍，学生需要逐渐培养自己的开放和包容的心态，愿意接受新的知识和观点，同时也需要学会尊重和倾听他人的意见和想法。在学习和实践中，他们应该保持开放的心态，积极尝试不同的方法或想法，接受他人的建议和指导，不断提高自己的学习能力和实践能力。

4. 盲目自大

盲目自大这种思维障碍表现为极少部分学生对自己的能力和成就过于自信和自负,缺乏对自己缺点的认识和反思。这种思维障碍会导致学生难以接受他人的批评和反馈,过分依赖自己的自信和判断,可能错过一些重要的学习和成长机会。在团队工作中,他们可能会过分坚持自己的想法和做法,不愿意与他人合作或接受他人的建议,导致团队效率低下或产生冲突。

为了克服这种思维障碍,学生需要逐渐培养自己的自我反思和批评的能力,愿意承认自己的不足,并努力改进和提高。同时,他们也需要学会尊重和倾听他人的意见和想法,接受他人的批评和反馈,从中学习和成长。在团队工作中,他们应该保持开放和合作的态度,积极与他人沟通和合作,共同实现团队目标。

5. 过于依赖经验

这种思维障碍表现为部分学生过于相信自己的经验和对问题的看法,难以接受新的知识和观点。

这种思维障碍会导致学生思维僵化,在学习和实践中,他们可能会坚持自己的方法或想法,不愿意尝试新的方式。同时,这种依赖经验的态度也可能会影响学生的创新和创造力,难以提出新的想法和解决方案。

为了克服这种思维障碍,学生需要逐渐培养自己的开放和灵活的心态,同时也需要学会反思和审视自己的经验和方法。

6. 受缚权威人士

这种思维障碍表现为有些学生对某些权威人士或权威机构的观点或意见过于依赖和信任,难以独立思考和判断。

这种思维障碍会导致学生思维受限,难以发展自己的独立观点和态度。在学习和实践中,他们可能会过于依赖权威人士或机构的意见和观点,而忽视自己的个人特长和优势,影响个人的表现和成就。

为了克服这种思维障碍,学生需要逐渐培养自己独立思考和判断的能力,不完全依赖权威人士或机构的观点和意见。

7. 简单刻板

简单刻板就是在思考问题时思路比较单一，不懂得变通。这种思维模式对于解决一些简单的问题可能有效，但是当问题变得更加复杂时，刻板思维就很难应对了。

在思维活动中，经常会遇到一些变化的情况，这些情况需要我们打破刻板思维，根据具体情况进行灵活变通。只有打破常规，才能实现我们的目标。

为了能够更好地应对变化和复杂情况，高职学生需要不断地学习和思考，扩展知识面和视野。同时，高职学生也需要培养自己的创新思维和创造力，学会从不同的角度看待问题，发现问题的本质和规律，从而找到更好的解决方案。

8. 自卑自闭

自卑自闭的人往往感觉自己不会做，也不会去尝试，这通常是缺乏自信的表现。

为了克服这种状况，人们应该敢于尝试和创新。通过不断地尝试和创新，可以逐渐建立自信，并克服不敢尝试的恐惧。

在尝试和创新的过程中，可能会遇到失败和挫折，但这并不意味着他们不会成功。失败和挫折是学习的重要部分，它们可以帮助人们更好地了解自己的能力和不足，从而更好地改进和进步。

因此，敢于尝试和创新是建立自信和克服自卑自闭的重要步骤。同时，也应该积极寻求帮助和支持，这可以帮助他们更好地克服困难和挑战，实现自己的目标。

9. 屈从习惯

屈从习惯是一种固守旧有选择、缺乏创新和变化的行为模式。这种行为模式会导致我们重复过去的错误，无法克服习惯的弊病。

屈从习惯的特征在于总是按照某一个选择执行，不会作出新的选择。这种行为模式会让高职学生陷入一种死循环，无法突破旧有的思维方式和行为模式，无法实现自我提升和进步。

为了克服屈从习惯的弊病，高职学生应该积极寻求新的选择和变化，应该勇于尝试新的事物，不断学习和探索，从而拓展自己的视野和认知。同时，也应该学会反思和总结，从过去的经验和教训中汲取营养，从而更好地应对未来的挑战和机遇。

第四节　高职学生创新创业教育

一、创新创业教育的概念

创新创业教育是一种新型的教育模式，旨在培养学生的创新精神和创业能力。这种教育模式注重培养学生的创造性思维、判断性思维和领导力等能力，帮助他们掌握创业的基本知识和技能，从而能够在未来的职业生涯中更好地应对创新和创业的挑战。

创新创业教育涉及的领域非常广泛。通过创新创业教育，学生可以学习到如何识别和评估商业机会，如何制定商业计划和策略，如何管理创业团队和资源，以及如何应对市场变化和挑战等方面的知识和技能。

创新创业教育是一种实践性较强的教育模式，需要通过实践课程、创业实践、企业实习等方式来培养学生的实践能力和经验。同时，这种教育模式也需要与传统的学科教育相结合，使学生掌握全面的知识和技能，从而更好地适应未来的职业发展需求。

二、高职学生创新创业教育的特征

高职学生创新创业教育的特征主要包括以下几方面（图 1-17）。

（一）实践性

创新创业教育注重学生的实践能力和经验，通过实践课程、创业实践、企业实习等方式来培养学生的创新精神和创业能力。学生通过实践，能够亲身经历创业的过程，掌握如何识别和评估商业机会、如何制定商业计划和策略、如何管理创业团队和资源、如何应对市场变化和挑战等实际操作技能。

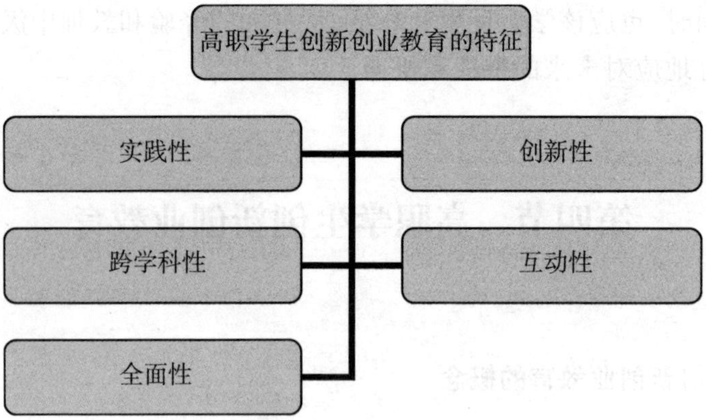

图 1-17　高职学生创新创业教育的特征

(二)创新性

创新创业教育注重学生的创造性思维和判断性思维的培养,培养学生识别和把握商业机会的能力,让学生在创新中寻求发展。学生通过学习和实践,能够掌握如何发现和解决实际问题、如何创造新的想法和解决方案、如何推动创新和变革等能力,从而在未来的职业生涯中更好地应对创新和创业的挑战。

(三)跨学科性

创新创业教育涉及多个学科领域,包括商业计划、市场营销、财务管理、团队管理等,需要学生掌握全面的知识和技能。学生通过学习多个学科的知识,能够更好地理解创业的过程和挑战,掌握多种技能和知识,从而更好地应对未来的职业发展需求。

(四)互动性

创新创业教育注重学生与教师、学生与学生之间的互动和交流,通过互动和交流来激发学生的创新思维和创业热情。学生通过与教师和同学的互动和交流,能够更好地理解和掌握创业的基本知识和技能,同时也可以从中获取灵感和启示,促进创新思维的发展和提升。

（五）全面性

创新创业教育不仅注重学生的创新精神和创业能力，还注重学生的综合素质和发展，包括领导力、团队合作、沟通能力等。学生通过学习创新创业教育，不仅能够提高自己的创新精神和创业能力，还能够提高自己的综合素质和竞争力，更好地适应未来的职业发展需求。

三、高职学生创新创业教育的意义

高职学生创新创业教育的意义非常重大，主要表现在以下几个方面。

（一）帮助学生适应经济发展需求

随着经济全球化和市场竞争的加剧，创新创业已成为经济发展的重要动力。高职学生作为未来经济发展的重要力量，需要具备创新创业意识和能力，以适应经济发展需求。通过接受创新创业教育，学生可以了解市场发展趋势和创业机会，掌握市场调查、商业计划、创业管理等知识和技能，从而具备适应经济发展需求的能力。

（二）提升学生就业能力

通过创新创业教育，可以帮助学生了解市场需求，增强创业意识和能力，从而有效缓解就业压力，提升就业能力。通过创业实践，学生可以获得更多的实践经验和职业技能，提高自己的市场竞争力，从而更容易找到适合自己的工作。

（三）实现自我价值

每个人都有自己的潜力和优点，通过创新创业教育，可以帮助学生发掘自身潜力，实现自我价值。通过创业实践，学生可以在实践中发现自己的优点和不足，并加以改进，从而实现自我价值的最大化。通过创新创业教育，学生可以学会自我认知和自我评估，明确自己的职业方向和目标，从而更好地实现自我价值。

（四）推动社会进步

创新创业可以创造更多的就业机会，为社会创造更多财富和价值。同时，创新创业也可以推动社会进步，促进社会创新和发展。通过创新创业教育，可以培养学生的创新思维和创业能力，使他们成为推动社会进步的重要力量。学生可以通过创业实践，为社会创造更多的就业机会和财富，同时也可以通过创新和创造，推动社会创新和发展。

此外，高职学生创新创业教育还有助于培养学生的创新精神和创业意识，使他们更加具备独立思考、勇于尝试、敢于创新的能力。这种精神不仅可以应用于创业实践中，还可以影响学生的其他学习和生活方面，使他们更加具备全面发展的素质。同时，创新创业教育还可以帮助学生学会团队合作和领导能力，培养他们的沟通技巧和人际交往能力，提高他们的自信心和领导才能。

第二章 高职院校创新创业人才培养的目标与现状

在当今这个创新驱动的社会中，创新创业能力已经成为高素质人才的核心竞争力。高职院校作为培养创新型技术技能人才的重要基地，肩负着为社会发展输送具有创新精神和实践能力的人才的重要使命。通过了解高职院校创新创业人才培养的现状，我们可以更好地理解其中的挑战和问题，从而为未来的改革和实践提供有益的参考。同时，我们也需要明确创新创业人才培养的目标，以确保教育能够满足社会和学生的需求，培养出更多具有创新精神和实践能力的人才。

第一节　高职院校创新创业人才培养的目标

一、高职院校创新创业人才培养的总体要求

高等职业院校应该全面贯彻党的教育方针，落实立德树人的根本任务，注重培养学生的道德素质和人文精神。同时，应该创新引领创业，创业带动就业，注重培养学生的创新能力和实践能力，鼓励学生参与创新创业活动，帮助学生通过创新创业实现自我价值和就业发展。此外，高等职业院校应该主动适应经济发展新常态，紧密结合科技、经济、社会的发展需求，注重培养学生的实际技术技能、综合素质和职业操守，提高毕业生就业竞争力。此外，应该以推进素质教育为主题，以提高人才培养质量为核心，注重培养学生的综合素质和创新能力，鼓励学生个性化发展，培养多元化复合型人才。另外，高等职业院校应该以创新人才培养机制为重点，以完善条件和政策保障为支撑，注重改革人才培养模式，提供良好的学习和创业环境，建立完善的学生扶持和孵化机制，帮助学生实现创新创业梦想。通过这些措施和努力，高等职业院校可以培养出规模宏大、富有创新精神、勇于投身实践的创新创业人才队伍，为建设创新型国家、实现中华民族伟大复兴的中国梦提供强大的人才智力支撑。具体要求如下（图 2-1）。

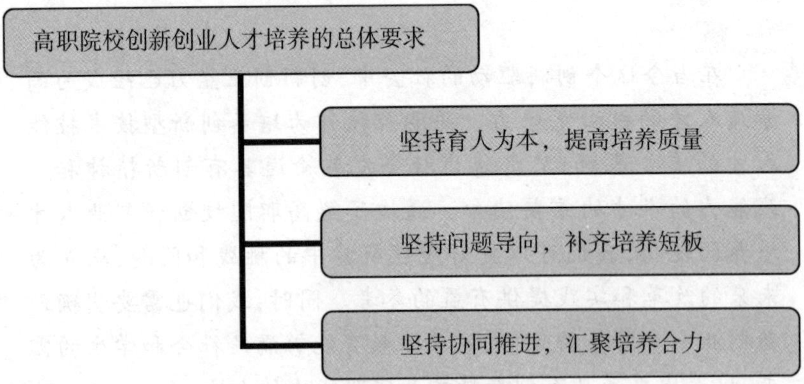

图 2-1　高职院校创新创业人才培养的总体要求

（一）坚持育人为本，提高培养质量

坚持育人为本，提高培养质量是高职院校创新创业人才培养的总体要求。这意味着高职院校应该注重学生的全面发展，提升他们的人力资本素质，并努力培养他们的创新精神、创业意识和创新创业能力。

为了实现这一目标，高职院校需要采取一系列措施。首先，它们应该面向全体学生，分类施教，结合专业教育，强化实践训练，以促进学生全面发展。其次，它们需要丰富课程，创新教法，强化师资，改进帮扶，以推进“产学研培创”一体化，从而突破人才培养的薄弱环节，增强学生的创新精神、创业意识和创新创业能力。

只有这样，高职院校才能培养出高素质的创新创业人才，满足社会和经济发展的需求。

（二）坚持问题导向，补齐培养短板

解决高校创新创业教育存在的突出问题需要从多个方面入手。首先，需要将创新创业教育融入人才培养体系，将其作为高校教育的重要组成部分，确保创新创业教育的持续发展和有效实施。其次，需要丰富课程设置，提供更多具有创新性和实践性的课程，以满足学生对于创新创业的知识需求。同时，还需要创新教学方法，采用多种教学方式，包括案例分析、小组讨论、实践操作等，以激发学生的学习兴趣和创造力。此外，强化师资力量也是非常重要的，提高教师的专业素质和教学水平，使其能够更好地传授创新创业知识，并为学生提供有效的指导和帮助。改进帮扶政策，为有创业意愿和创业能力的学生提供资金、技术、场地等方面的支持，帮助他们实现创业梦想。最后，推进教学、科研、实践的紧密结合，为学生提供更多的实践机会和创新创业平台，增强学生的创新精神、创业意识和创新创业能力。

（三）坚持协同推进，汇聚培养合力

坚持协同推进，汇聚培养合力是高职院校创新创业人才培养的另一个总体要求。这意味着高职院校需要与政府、企业、行业、社会等多主体密切合作，共同推进创新创业人才的培养。

为了实现这一目标，高职院校需要采取以下措施。

第一，建立创新创业人才培养体系。学校需要与政府、企业、行业、社会等各方面共同制定创新创业人才培养方案、课程标准和计划安排，建立完善的培养体系，确保人才培养的质量和效果。

第二，加强创新创业实践平台建设。学校需要与相关企业、行业合作，建立创新创业实践平台，提供实践机会和资源，帮助学生将理论知识转化为实践经验，提高他们的创新创业能力。

第三，建设创新创业师资队伍。学校需要与相关企业、行业合作，聘请具有创新创业实践经验的教师和专家，同时加强教师的培训和提升，提高教师的创新创业教育能力和水平。同时，实行"校企互通、聘进来"和"交流合作、走出去"，通过校企师资互兼互聘，提升师资队伍的工程实践经验和项目实战技能，共建共享高水平多元混编结构化"双师型"教师队伍。

第四，开展创新创业活动。学校可以与相关企业、行业合作，开展创新创业竞赛、创业沙龙、创业论坛等活动，营造创新创业氛围，激发学生的创新创业热情和灵感。

通过协同推进，汇聚培养合力，高职院校可以更好地培养出具有创新创业精神和能力的优秀人才，满足社会和经济发展的需求。

二、新时期高职院校创新创业人才培养的目标任务

新时期高职院校创新创业人才培养的目标任务主要包括以下几方面（图 2–2）。

（一）完善人才培养质量标准

为了提高本科专业类教学质量，需要制定并实施相应的国家标准。同时，需要修订高职院校专业教学标准以及博士、硕士学位基本要求，以明确高职高专、本科、研究生等不同层次的人才创新精神、创业意识和创新创业能力的教育目标要求，并将这些能力作为评价人才培养质量的重要指标。相关部门、科研院所、行业企业也需要制定专业人才评价标准，细化创新创业素质能力要求。不同层次、类型、区域的高校要结合

自身的办学定位、服务面向和创新创业教育目标要求,制定专业教学质量标准,并修订人才培养方案。

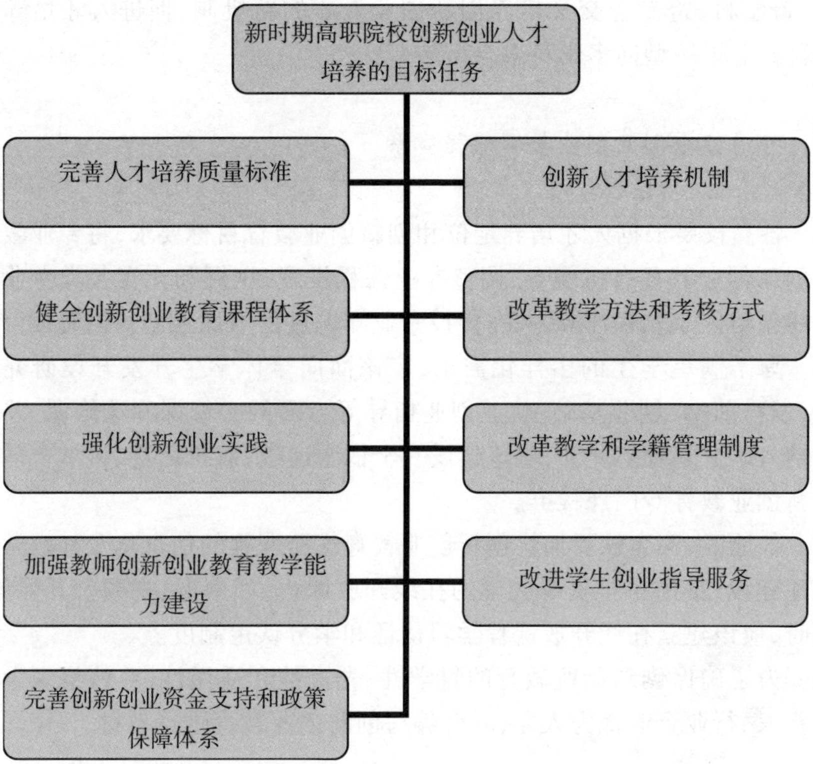

图 2-2 新时期高职院校创新创业人才培养的目标任务

(二)创新人才培养机制

为了促进高校毕业生的就业和满足重点产业的人才需求,需要实施年度报告制度,同时完善学科专业的预警和退出管理办法。此外,应该探索建立以需求为导向的学科专业结构和以创业就业为导向的人才培养类型结构调整新机制,促进人才培养与经济社会发展、创业就业需求的紧密对接。

为了提高创新创业教育质量,可以实施系列“卓越计划”、科教结合协同育人行动计划等,多形式举办创新创业教育实验班,探索建立校际、校企、校地、校所以及国际合作的协同育人新机制,积极吸引社会资源和国外优质教育资源投入创新创业人才培养。

为了推动创新创业人才的培养，高校应该打通一级学科或专业类下相近学科专业的基础课程，开设跨学科专业的交叉课程，探索建立跨院系、跨学科、跨专业交叉培养创新创业人才的新机制，促进人才培养由学科专业单一型向多学科融合型转变。

（三）健全创新创业教育课程体系

各高校要根据人才培养定位和创新创业教育目标要求，将专业教育与创新创业教育有机融合，调整专业课程设置，挖掘和充实各类专业课程的创新创业教育资源，并在传授专业知识过程中加强创新创业教育。

为了满足学生的多样化需求，应该面向全体学生开发开设研究方法、学科前沿、创业基础、就业创业指导等方面的必修课和选修课，并将其纳入学分管理。此外，应该建设一个依次递进、有机衔接、科学合理的创新创业教育专门课程群。

各地区、各高校要加快创新创业教育优质课程的信息化及其教学资源库建设，推出一批资源共享的在线开放课程，如慕课、视频公开课等。同时，应该建立在线开放课程学习认证和学分认定制度。

为了确保创新创业教育的科学性、先进性和适用性，应该组织学科带头人、行业企业优秀人才，联合编写创新创业教育重点教材。

（四）改革教学方法和考核方式

各高职院校应该广泛采用启发式、讨论式、参与式的教学方法，扩大小班化教学的覆盖面，推动教师将国际前沿学术发展、最新研究成果和实践经验融入课堂教学，注重培养学生的批判性和创造性思维，激发创新创业灵感。

同时，应该运用大数据技术，掌握不同学生的学习需求和规律，为学生自主学习提供更加丰富多样的教育资源。

在考试考核方面，应该注重考查学生运用知识分析、解决问题的能力，探索非标准答案考试，破除“高分低能”的积弊。通过以上措施，可以提高学生的创新能力、创业意识和创新创业能力，培养学生的批判性思维和创造性思维，促进学生的全面发展。

（五）强化创新创业实践

各高职院校应该大力加强专业实验室、虚拟仿真实验室、创业实验室和训练中心的建设，推动实验教学平台的共享。各地区、各高校应该全面开放科技创新资源，积极向全体在校学生开放，并将开放情况纳入各类研究基地、重点实验室、科技园的评估标准。

各高职院校应该完善国家、地方、高校三级创新创业实训教学体系，深入实施大学生创新创业训练计划，扩大覆盖面，促进项目落地转化。同时，应该举办全国大学生创新创业大赛、全国职业院校技能大赛等各类科技创新、创意设计、创业计划等专项竞赛，以激发大学生的创新精神和创业热情。

各地区、各高校应该充分利用各种资源建设大学科技园、大学生创业园、创业孵化基地和小微企业创业基地，作为创业教育实践平台，建立一批高质量的大学生校外实践教育基地、创业示范基地、科技创业实习基地和职业院校实训基地。

此外，各高职院校应该支持学生成立创新创业协会、创业俱乐部等社团，举办创新创业讲座论坛，开展创新创业实践。

通过以上措施，可以提高学生的创新能力和创业意识，促进创新创业教育的普及和发展，为培养高素质的创新创业人才提供坚实的支持。

（六）改革教学和学籍管理制度

各高职院校应该设立科学的创新创业学分体系，包括合理的学分设置、积累与转换规则。鼓励学生开展创新实验、发表论文、获得专利和自主创业，并将其折算为相应的学分。同时，将学生参与课题研究、项目实验等活动认定为课堂学习的一部分。

为有意愿有潜质的学生提供个性化的创新创业能力培养计划，建立创新创业档案和成绩单，全面记录并客观评价学生开展创新创业活动的情况。对此类学生给予优先支持，鼓励他们转入相关专业学习，进一步深化创新创业能力培养。

实施弹性学制，允许学生根据个人需求和进度调整学业进程，保留学籍休学进行创新创业活动。设立创新创业奖学金，并在现有相关评优评先项目中专门设立创新创业奖项，以表彰学生在创新创业方面的优秀表现。

（七）加强教师创新创业教育教学能力建设

各地区、各高职院校应明确全体教师对于创新创业教育的责任，完善专业技术职务评聘和绩效考核标准，加强对创新创业教育的考核评价。同时，应配备强大创新创业教育与创业就业指导的专职教师队伍，并建立定期考核、淘汰制度。

为了提升教师队伍的创新创业教育能力，应鼓励教师到行业企业进行挂职锻炼，提高他们的实践能力和行业经验。此外，还应加快完善高校科技成果处置和收益分配机制，支持教师以对外转让、合作转化、作价入股、自主创业等形式将科技成果产业化，并鼓励带领学生创新创业。

通过以上措施，高职院校可以提升教师的创新创业教育意识和能力，加强师资队伍建设，形成优秀的创新创业导师人才库，推动创新创业教育的深入发展，为学生提供更好的创新创业支持和指导。同时，完善科技成果处置和收益分配机制，可以激励教师积极地将科技成果转化为产业，带领学生实现创新创业梦想。

（八）改进学生创业指导服务

各地区和高职院校应建立专门的学生创业指导服务机构，确保机构、人员、场地和经费的到位，为自主创业的学生提供持续的帮扶、全程指导和一站式服务。这些服务应包括但不限于创业咨询、项目开发、市场分析、法律咨询、财务规划等。

为了提供更好的信息服务，应建立和完善全国大学生创业服务网的功能，建立地方和高校两级信息服务平台，为学生实时提供国家政策、市场动向等信息，并做好创业项目对接、知识产权交易等服务。这些平台应提供创业相关的信息、新闻、政策、法规、市场动态等，以便学生及时了解和掌握创业环境。

各地区和有关部门应积极落实高校学生创业培训政策，开发适合学生特点的创业培训课程，建设网络培训平台。这些课程应涵盖创业理论知识、实践技能、市场分析、法律知识、管理技巧等多个方面，以帮助学生全面了解和掌握创业所需的知识和技能。

鼓励高职院校自主编制专项培训计划，或与有条件的教育培训机构、行业协会、群团组织、企业联合开发创业培训项目。这些项目应结合学生的实际情况和需求，提供有针对性的培训和服务。

各地区和具备条件的行业协会应针对区域需求、行业发展，发布创业项目指南，引导高职院校学生识别创业机会、捕捉创业商机。这些指南应包括行业分析、市场前景、投资风险、创业机会等多个方面，以帮助学生更好地了解和把握创业机会。

（九）完善创新创业资金支持和政策保障体系

各地区和有关部门应积极整合发展财政和社会资金，为支持高职院校学生创新创业活动提供有力保障。各高职院校需优化经费支出结构，通过多种渠道统筹安排资金，大力支持创新创业教育教学，并为大学生创新创业项目提供资助。

部委属高校应按照规定使用中央高校基本科研业务费，积极支持品学兼优且具有较强科研潜质的在校学生开展创新科研工作。同时，中国教育发展基金会应设立大学生创新创业教育奖励基金，以奖励对创新创业教育作出贡献的单位，激发更多单位对大学生创新创业的支持。

此外，还应鼓励社会组织、公益团体、企事业单位和个人设立大学生创业风险基金，以多种形式向自主创业大学生提供资金支持，提高扶持资金的使用效益。

在新一轮大学生创业引领计划的框架下，应全面落实各项扶持政策和服务措施，重点支持大学生到新兴产业创业，为大学生提供更多的创业机会和扶持。同时，有关部门应加快制定有利于互联网创业的扶持政策，促进互联网创业的健康发展。

第二节　高职院校创新创业人才培养的现状

一、高职院校创新创业人才培养的现状

目前,越来越多的高职院校开始重视创新创业教育,并逐步建立起创新创业教育体系。目前,高职学生创新创业教育的主要形式包括课程教育、实践活动、创业竞赛、创业培训等。其中,课程教育是创新创业教育的基础,包括理论课程和实践课程两部分,帮助学生了解创新创业的基本知识和技能;实践活动和创业竞赛则是让学生体验创新创业的过程,提高他们的实践能力和创新意识;创业培训则是为学生提供更加专业的培训,包括领导力培训、商业策划、市场营销等方面的培训,帮助学生更好地开展创新创业活动。

然而,高职院校创新创业人才培养也存在一些问题,主要表现在以下几方面。

首先,教育体系不够完善,缺乏系统的课程设置和专业的师资队伍,导致教育质量不高。

其次,学生缺乏实践经验,缺乏实践平台和资源,导致实践效果不佳。

最后,社会环境和政策支持不足,缺乏良好的创新创业环境和政策支持,导致学生开展创新创业活动的难度较大。

因此,当前高职学生创新创业教育需要进一步改进和完善。学校应该加强师资队伍的建设,提供更加专业的培训和指导,同时建立实践平台和资源,帮助学生进行实践经验的积累。社会应该营造良好的创新创业环境,提供更多的支持和资源,帮助学生开展创新创业活动。这样才能更好地推进高职学生创新创业教育的发展,培养更多具有创新精神和创业能力的人才。

二、高职院校创新创业人才培养的趋势

（一）树立与时俱进的创新创业教育理念

随着时代的发展和经济的转型，创新创业教育的重要性越来越突出。因此，高职院校需要更新教育理念，与时代同步，不断推进创新创业教育的发展。

首先，高职院校应该注重培养学生的创新意识和创业能力，让学生具备独立思考、创新思维和解决问题的能力。同时，高职院校应该注重培养学生的实践能力和创新精神，通过开设创新创业课程、提供创业实践平台、开展创业比赛等活动，让学生体验创新创业的过程，提高创新创业的能力。

其次，高职院校应该注重引进国外先进的教育理念和教学方法，学习国际上成功的创新创业教育经验，不断提高自身的教育水平。同时，高职院校应该注重培养学生的国际视野和跨文化交流能力，让学生了解国际创新创业的最新动态，为未来的创新创业做好准备。

最后，高职院校应该注重以人为本的教育理念，深入了解学生的实际需求，及时把握学生的思想动态，注重塑造与服务相结合，解决思想问题与实际困难相结合的原则，鼓励更多的高职学生投身创新创业。

（二）加强显性与隐性创新创业教育课程的融合

显性课程和隐性课程是学校教育中的两种不同的课程形式，它们在课程结构中具有不同的作用和影响。显性课程是学校列入教学计划的课程，是课程结构的主体，也是人才培养的主要依据。而隐性课程则是学校情境中以间接的内隐的方式呈现的课程，它润物细无声，发挥着教育功效。

显性课程和隐性课程之间存在密切的关系，它们相互影响、相互衔接、相互补充。在构建创新创业教育课程时，高职院校应注重合理安排显性课程和隐性课程，加强融合与渗透，以达到最佳的教学效果。

首先,高职院校应该注重显性课程的建设。显性课程是创新创业教育的基础,它包括理论课程和实践课程两部分。理论课程可以帮助学生了解创新创业的基本知识和技能,而实践课程则可以让学生亲身体验创新创业的过程,提高实践能力和创新意识。

其次,高职院校也应该注重隐性课程的建设。隐性课程可以为学生提供更加全面的教育体验,包括领导力培训、商业策划、市场营销等方面的培训,帮助学生更好地开展创新创业活动。同时,隐性课程还可以通过各种形式的活动和社交互动,培养学生的团队合作精神和沟通能力,为学生的创新创业提供更多的支持和帮助。

最后,高职院校应该注重显性课程和隐性课程的融合与渗透。通过合理的课程安排和教学策略,将显性课程和隐性课程相互衔接、相互补充,达到最佳的教学效果和自功能。例如,可以在显性课程中加入隐性课程的内容,如创业实践、商业策划等,让学生在理论学习的基础上进行实践操作,提高创新创业的能力和素质。

(三)完善创新创业教育的理论和实践两大体系建设

创新创业理论教育体系是创新创业教育的重要组成部分,它强调将创新创业教育作为人才培养的重要内容纳入人才培养方案,逐步形成普惠型、提高型、精英型、实战型四个层次的理论教学体系。理论教学既面向全体学生,又有重点地支持有创新创业意向和能力的学生,指导和帮助他们在校期间或未来成功创业。

在创新创业实践教育体系方面,学校充分利用各种资源搭建了四个层面的创新创业实践平台,给学生提供更多的体验机会,积累经验。这些实践平台包括以下几方面。

1. 校园内实践平台

学校可以在校园内建立创新创业实践基地,为学生提供实践场所和设施,如实验室、创意工坊等,让学生有机会将自己的创意转化为实际产品或服务。

2. 校企合作实践平台

学校可以与企业合作,共同建立实践基地或实习基地,让学生亲身参与到企业的创新创业过程中,了解企业的运营模式、市场开拓等方面的知识,从而提高学生的创新创业实践能力。

3. 社会创新实践平台

学校可以鼓励学生参与各种社会创新活动,如社会实践、志愿者活动等,让学生了解社会需求和问题,培养社会责任感和创新创业精神。

4. 竞赛式实践平台

学校可以组织各种形式的创新创业竞赛,如创新创业大赛、创业计划大赛等,让学生通过参加竞赛锻炼自己的创新创业能力,同时也可以获得更多的支持和资源。

第三章 高职院校创新创业人才培养的模式

在当今快速发展的全球化经济时代，创新和创业能力逐渐成为高素质人才的核心竞争力。因此，培养具有创新精神和创业能力的人才成为高职院校的重要任务之一。高职院校作为培养实用型人才的重要基地，如何有效培养具有创新创业能力的学生，已经成为其教育教学的核心目标。本章即对高职院校创新创业人才培养模式的相关内容进行系统研究。

第一节 人才培养模式概述

一、人才培养模式的含义

为了准确、客观地界定人才培养模式，有必要从分析“模式”和“人才培养”的内涵，以及从“人才培养模式的特点”入手，把握这一概念。

首先，“模式”这个词通常用来描述一种具有代表性的、可重复的形态或者结构。在人才培养的语境下，“人才培养模式”指的是一种具有代表性的、可重复的人才培养的形态或者结构。

其次，“人才培养”指的是通过教育、培训等方式，促进人的全面发展，提升人的能力和素质。这包括知识的传授、技能的培养、品格的塑造、价值观的形成等多个方面。

最后，“人才培养模式的特点”包括以下几个方面。

第一，目标性。人才培养模式具有明确的培养目标，这使得人才培养的过程具有方向性和可衡量性。

第二，可重复性。人才培养模式是一种可重复的形态或者结构，这意味着它可以被复制、推广，以满足不同的教育需求。

第三，系统性。人才培养模式是一个系统性的工程，涉及教育理念、培养目标、教学方法、课程设置、评价体系等多个方面，它们相互关联、相互影响，构成一个完整的系统。

第四，实践性。人才培养模式是在实践中形成和发展的，它需要根据实际情况进行调整和优化，以适应不同的教育环境和学生需求。

二、人才培养模式创新的制约因素

人才培养模式创新的制约因素主要包括以下几方面（图 3–1）。

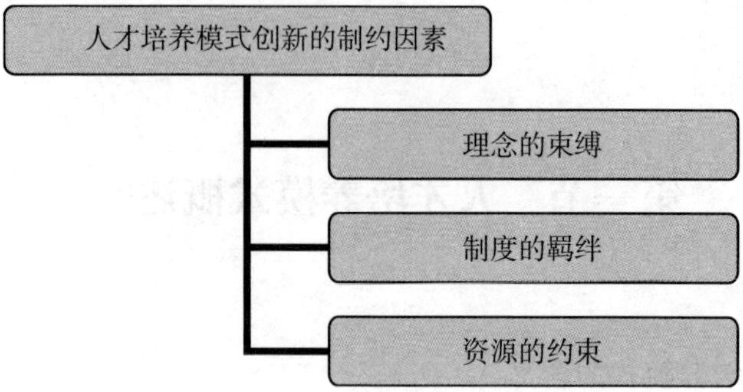

图 3-1　人才培养模式创新的制约因素

（一）理念的束缚

理念的束缚是高职院校人才培养模式创新的重要制约因素。传统的教育理念往往只注重专业技术的培养，而忽视了人文教育和创新精神的培养。这种培养方式虽然能够帮助学生掌握一定的专业技能，但可能限制了他们的思维方式和创新能力。

为了打破这种束缚，高职院校需要更新教育理念，强调以职业为导向，注重培养学生的实践能力和创新精神。首先，可以围绕学生的职业导向有针对性地进行课程设置，增加实践类课程，如体育拓展、体能训练、体育赛事组织等，以增强课程的实用性。同时，增加体育健康类课程和民族传统体育文化等体育文化类课程，以提升学生的文化素养。

其次，将中华体育精神融入教学大纲制定、教材选用、教师备课与教案设计、课程教学质量监控各方面，并将其贯穿于课堂授课、教学研讨、实习实训等各环节，强化学生的品德教育，从而达到弘扬中华体育精神、培育时代新人的目的。

此外，创新教学方法也是关键。教师应采用多样化的教学方法，如案例分析、小组讨论、项目实践等，以激发学生的创新思维和实际操作能力。同时，学校可以提供更多的实践和创新创业机会，鼓励学生积极参与，提高他们的实践能力和创新意识。

综上所述，要突破理念的束缚，高职院校需要在课程设置、教学理念、教学方法等方面进行创新，以培养具有实践能力和创新精神的人才，满足社会和经济发展的需求。

(二)制度的羁绊

传统的教育制度和政策往往限制了学校的创新和变革。为了打破这种束缚,需要推动教育制度的改革和完善,以适应高职院校人才培养模式创新的需求。

首先,政府和教育主管部门应当给予高职院校更多的自主权和灵活性,允许学校根据自身特点和市场需求进行人才培养模式创新。政府可以通过政策引导和支持,提供财政资金、政策优惠等措施,鼓励高职院校进行创新实践。

其次,高职院校应当加强内部管理机制的改革,建立适应创新人才培养的制度和流程。例如,可以改革教师评价制度,将教师的创新实践和成果纳入评价标准,鼓励教师进行创新教学和研究。同时,建立灵活的教学管理和学生管理制度,方便学生进行跨专业选课、实践和创新创业等活动。

此外,加强与行业和企业合作,建立产学研合作机制,也是突破制度羁绊的重要途径。通过与行业和企业合作,高职院校可以了解市场需求和行业发展趋势,及时调整人才培养模式。同时,为学生提供实践和就业机会,提高人才培养的质量和效益。

综上所述,要突破制度的羁绊,需要政府、高职院校、行业企业及社会家庭等多主体共同努力,建立适应创新人才培养的教育制度和支持机制。只有这样,高职院校才能充分发挥自身优势,培养出更多具有创新能力和实践精神的高素质人才。

(三)资源的约束

资源的约束确实是高职院校人才培养模式创新的一个重要制约因素。在高职院校中,资源的有限性可能会限制人才培养的创新和实践能力。

首先,资金和设备是高职院校进行人才培养模式创新的基础。由于资金和设备的短缺,高职院校可能无法满足学生对实践和实验的需求,从而限制了人才培养的质量。为了解决这个问题,政府和社会可以增加对高职院校的投入,提供更多的资金和设备支持。同时,高职院校也可以通过与企业合作，吸引更多的资金和设备支持。

其次，师资力量是高职院校进行人才培养模式创新的关键。由于师资力量的限制，高职院校可能无法满足学生对专业知识和实践技能的需求，从而影响了人才培养的质量。为了解决这个问题，高职院校可以加强师资培训和引进，提高教师的专业水平和教学能力。同时，也可以通过与企业合作，吸引更多的行业专家和实践经验丰富的人才到校授课，增加学生的实践学习机会。

此外，课程资源和学习环境也是制约人才培养模式创新的重要因素。由于课程资源的限制，高职院校可能无法提供足够的实践和创新创业课程，影响了学生的实践能力和创新意识。为了解决这个问题，高职院校可以加强课程建设和改革，增加实践和创新创业类课程，为学生提供更好的学习环境和资源。

三、人才培养模式改革的出路

概括来说，高职院校创新创业人才培养模式改革的出路主要包括以下几方面（图 3-2）。

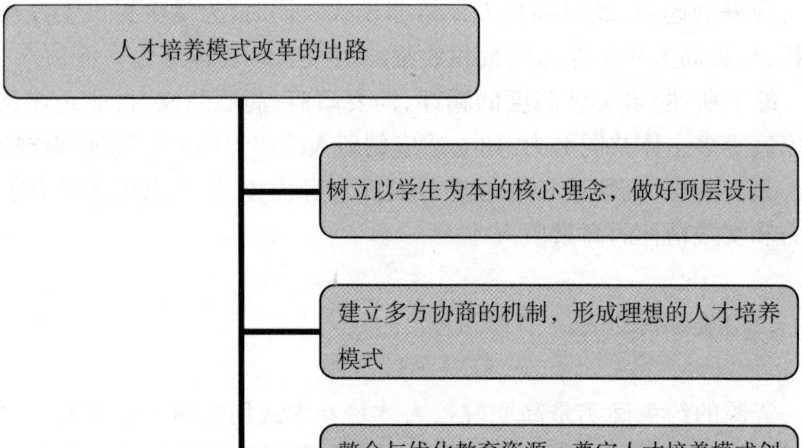

图 3-2　人才培养模式改革的出路

(一)树立以学生为本的核心理念,做好顶层设计

在进行人才培养模式的创新时,必须树立以学生为本的核心理念,以学生的需求为出发点,将学生的发展作为最高追求。为此,我们需要进行顶层设计,整体构建人才培养模式,以确保一切为了学生,一切从学生出发。

以学生为本,必须以学生的发展为着眼点,遵循人才成长的规律。研究人才成长的条件,其中包括有效的创造实践、内外因综合效应、共生效应等。这些条件涉及一系列复杂的因素,如活动与环境、竞争与合作、期望与激励等。高职院校需要重视对这些复杂因素的研究,并在此基础上改善教育条件,创设理想的教育环境。此外,研究人才成长的过程也是非常重要的,采用科学的教育方法是关键。人的成长是分阶段的,各阶段的主要任务不同,其培养方法也不同。除了具有阶段性之外,各类型人才、各层次人才的最佳发展年龄也不尽相同。了解这些规律有助于在教育过程中更加精准地培养人才。同时,人的各项素质的发展都有自己的关键期,这也是需要深入探索的。在教育过程中,高职院校需要深入研究人才成长的规律,使人才培养有科学的依据,从而更好地促进学生的发展。

以学生为本,必须致力于追寻学生的兴趣和特长,充分发挥他们的优势,以帮助所有学生走向成功。通过对课堂教学的深入观察可以发现,在课堂上,学生的眼神缺乏活力,学生与教师之间的交流和互动非常有限。这主要是由于教学内容和方法没有真正符合学生的兴趣和需求,导致学生在学习中处于被动状态。心理学研究已经证明,只有与学生的知识结构、学习风格和兴趣相符合的教学,才能积极影响学生,促进他们在已有的知识基础上继续构建自己的认知图式。为了实践以学生为本的教育理念,教师需要转变传统的教学方式,成为专业的教育者。他们需要深入探究和理解学生的兴趣和基础,激发他们的学习热情,推动个性化教育的发展,与学生共同构建学习的目标和愿景。最终,我们的目标是帮助学生成为自主的学习者,使高职院校的教学从以教师为中心转向以学生为中心。此外,为了真正实现以学生为本,我们还需要实现几个重要的转变:从以知识传授为主转向以能力培养为主;从单一的课堂教学转向校内校外的全方位育人;从传统的教学方式转向现

代信息技术教育。这些转变将有助于我们更好地满足学生的需求,促进他们的全面发展,为他们的未来成功奠定坚实的基础。

人才培养模式是一个全面的体系,需要进行顶层设计。在以学生为中心的理念指导下,必须清楚地了解理想的培养目标是什么。我们需要制定出科学且可行的人才培养方案,包括与之配套的专业、课程、教材、教学方法和评价体系,使它们成为一个和谐统一的完整体系。我们所设计的人才培养模式,应该能够实现高职院校与社会之间的良性互动,为人才培养模式的持续更新提供不竭的动力。在新的培养模式和培养方案制定后,还需要与传统的培养模式进行详细的比较,识别出改革的重点和难点,并积极实施新的培养模式,以推动人才培养的创新与发展。

(二)建立多方协商的机制,形成理想的人才培养模式

目前,我国高职院校人才培养模式的形成缺乏多方参与,政府和学校行政权力影响过大,而教师、学生及社会组织缺乏参与机会。为了建立理想的人才培养模式,必须建立社会、教师、学生和高职院校多方协商的机制,确立以社会需求为导向的方向性。高职院校应该主动联系行业组织、地方政府、社会中介等,获取相关的社会需求信息,并及时将这些需求预测反映到人才培养模式中。

在创新人才培养模式的过程中,必须确立教师在其中的主导地位。教师作为人才培养的核心力量,理应成为人才培养模式决策与设计的重要参与者和推动者。然而,当前高职院校的人才培养模式主要是由学校领导、教务处和各院系教学领导决策和设计的,教师在这一过程中只是模式的执行者,往往没有机会直接参与。为了改变这种情况,学校应该在考察社会需求的基础上,积极征求教师的建议,邀请他们参与人才培养模式的制定。同时,教师也可以在实践的基础上提出人才培养模式改革的设想,然后由学校加以汇总并对照社会需求,最终形成更为合适的人才培养模式。通过增强教师的参与度和发挥他们的主导作用,可以推动高职院校的人才培养模式更加符合社会需求,提高人才培养的质量和适应性。

学生应该有权参与人才培养模式的改革。过去,人们认为学生不能参与学校事务的管理,但是学生是人才培养的对象,应该对人才培养模式有自己的评价权和选择权。因此,高职院校应该通过问卷调查等方

式,让学生发表他们对人才培养模式的看法,赋予他们在人才培养模式形成上的话语权。在了解学生的基础上,应该注重个性化培养模式的制定。

此外,在人才培养模式实施一段时间后,需要调查毕业生对它的评价,这样我们才能了解他们的想法,为人才培养模式的改革打下坚实的基础。通过建立多方协商的机制,包括社会、教师、学生和高职院校等多方面的参与,各方利益都能得到表达。这样培养出来的人才更符合人们的期望,人才培养模式也就更为理想。

(三)整合与优化教育资源,奠定人才培养模式创新的物质基础

高职院校是依赖资源型的典型组织,因此资源的不足对高职院校创新人才培养模式是一个巨大的限制。在资源短缺无法迅速解决的情况下,整合和优化资源是理想的解决方案。

1. 实现校内外课程资源的共享

在我国的高职院校内部,跨院系、跨层次的课程共享率相对较低。为了创新人才培养模式,需要整合校内的课程资源,打破不同学院之间的界限,由学校进行统筹安排,营造共享文化,加强共享管理以解决在共享过程中可能存在的知识产权、收益等利益纠纷。对于高职院校之间,需要建立更加合理的机制,充分利用网络和地域的优势,加强合作,提高资源共享的效率。

2. 加强教师资源的共享

当前高职院校师资存在两个主要问题。首先,随着招生规模的扩大,师资数量总体不足,并且存在学科和地域的结构性差异。其次,师资素质不能完全满足人才培养的需求。

为了解决这些问题,可以采取以下措施。

首先,加强师资资源的共享,取长补短。即使是在一所高职院校内部,也可以整合资源,形成教学团队,促进教学研讨和经验交流,开发教学资源,发挥教师队伍的集体力量。

其次,在高职院校内部,可以实现科研团队和教学团队共同发展。通过科研内容向教学内容的转化、科研成果向教学成果的及时转化、科

研方法与教学方法的渗透、教学问题与科研问题的双向延伸等方式,都能促进人才培养的灵活性、柔性、多元化发展。

最后,为了补充教师数量并提高师资素质,可以积极引进政府、企业人员作为兼职教师。这样可以解决教师实践经验不足的问题,同时提高整体师资素质。

3. 加强教学设施的共享

高职院校内部各院系的教学设施基本上不对外开放,这导致了许多教学资源的闲置和浪费。除了院系间资源的共享外,还需要加强对产业界设施的利用,并开展更多富有成效的深度合作,以充分利用现有资源并提高教育质量。

第二节　创新创业人才培养模式

一、创新创业人才培养模式的概念

人才是指具备专业知识和专业技能的优秀人力资源。创新创业人才则是在此基础上,拥有创业知识、创业能力和创业精神,能够发现、捕捉、追踪和利用商业机会,通过创新和创业活动,实现创造性想法和观点向商业行动的转化,从而获得经济和社会效益的人员。人才培养模式是根据素质教育和教学理念,为实现特定的人才培养目标而构建的标准样式,包括人才培养的要素结构、过程、方式方法、教学管理流程、运行机制和政策保障体系。这种模式是现代高职院校人才培养体制改革实践经验的总结,体现了高职院校人才培养的指导思想,反映了客观的教学规律,是解决理论教学和实践教学问题的方法论。创新创业人才培养模式则是在创业素质教育和教学理念的指导下,为实现特定的创业型人才培养目标而构建的,涉及创业型人才培养的要素结构、过程、方式方法、教学管理流程、运行机制和政策保障体系的标准样式。

二、创新创业人才培养模式的要素

创新创业人才培养模式的要素包括以下几方面(图 3-3)。

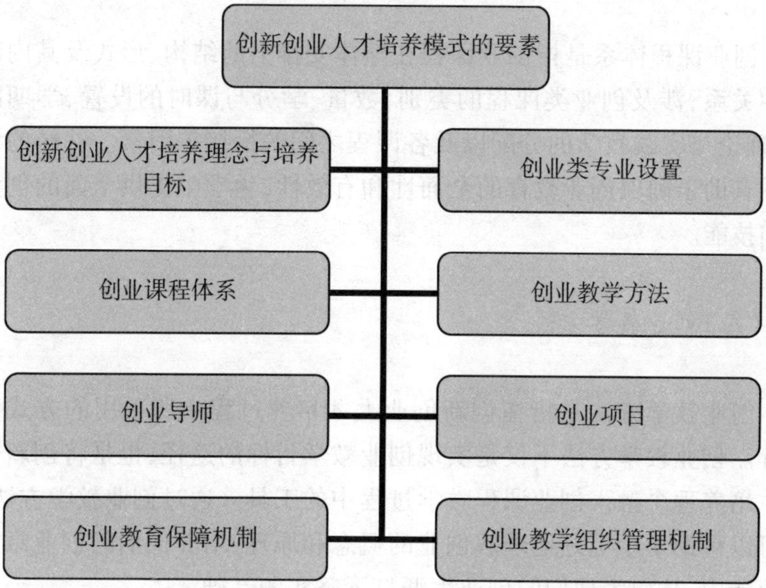

图 3-3　创新创业人才培养模式的要素

(一)创新创业人才培养理念与培养目标

创新创业人才培养理念是教学管理者、教师等创业教学相关者对创新创业人才培养的核心观点和态度,涉及人才培养的主体、客体、原则、功能、定位、途径、任务等方面的看法和态度。创新创业人才培养目标是指通过创业教育所要实现的目的,具体体现在创新创业人才所具备的创业素质、创业意识等方面。

(二)创业类专业设置

创业类专业的设置主要解决两个核心问题:一是如何确定某个专业是否属于创业类专业;二是如何设置创业类专业。这些问题涉及专业设置的口径与方向、专业范围、专业名称、所属门类、学位授予门类、培养规格以及学制年限等方面的内容。解决这些问题有助于为培养具有创业素质和能力的人才提供合理、科学的专业结构。

(三)创业课程体系

创业课程体系是指创业课程在整体安排上的结构、形式及其内部的各种关系,涉及创业类课程的类别、数量、学分与课时的设置、学期的分布、理论与实践教学的分配以及各课程之间的衔接等因素。这样的课程体系有助于确保创业教育的全面性和有效性,为学生提供全面的创业知识和技能。

(四)创业教学方法

创业教学方法是指在创新创业人才培养过程中所采用的方式和手段等。创业教学方法不仅是实现创业教学目标的途径,也是将创新创业人才培养理念融入创业课程教学过程中的工具。通过创业教学方法,教师可以帮助学生更好地理解创业的概念和原理,培养他们的创业意识和创业能力,从而为他们的创业生涯打下坚实的基础。

(五)创业导师

创业导师是校内专职教师和校外兼职人员,他们具有创业经历、企业管理实践或创业管理专业知识,主要职责是引导、支持和帮助高职学生创业。他们的存在为高职学生提供了宝贵的指导和支持,帮助他们克服创业过程中的各种挑战,提高创业成功率和创业能力。

(六)创业项目

创业项目是指由高职院校、政府、非营利组织和企业等机构资助,由高职学生自主挖掘、设计和研发的商业计划、产品或技术成果,这些成果具有商业发展潜力和市场推广价值。创业项目的来源主要包括实验及研究成果、创业计划大赛,同时也包括从市场机会中发现的创业项目。通过实施这些项目,可以推动创新和创业精神的发展,提高高职学生的创业能力和商业视野。

（七）创业教育保障机制

为了确保创新创业人才培养模式的顺利实施并提高其质量，创业教育保障机制是必不可少的基础性条件。该机制涉及创业扶持机构、创业教育资金筹集渠道、创业支持政策与法规以及创业教学基地等多个方面。

（八）创业教学组织管理机制

高职院校所采取的旨在规范创业教学管理程序、提升创新创业人才培养质量和效果的规章制度和运行机制被称为创业教学组织管理机制。这种机制包括日常教学管理制度、学生选拔与分流机制、学分制、招生与就业机制、考试与考核机制、教学效果评价机制以及奖惩机制等方面。

第三节　国外创新创业人才培养模式

本节主要对美国和英国的创新创业人才培养模式进行简要阐述。

一、美国创新创业人才培养模式

（一）美国创新创业人才培养模式的构建情况

美国的创新创业教育体系包含了政府、学校和社会机构这三个重要主体，它们各自在推动创新创业教育方面发挥着重要的作用。

1. 政府

美国政府在创新创业教育中扮演着重要的角色。一方面,政府通过制定和执行相关法规,来鼓励和保护创新者的权益;另一方面,政府也通过各种形式的资助,如成立创业基金、提供小企业贷款等,来支持创新和创业。此外,政府还通过政策引导来鼓励创新创业。

(1)法规制定和执行

政府通过制定和执行相关法规,为创新者和创业者提供法律保障。例如,专利制度给予创新者一定时期内的市场垄断权,以激励他们进行创新。此外,政府还通过商标法、版权法等法律保护创新者的权益。

(2)资金支持

政府通过各种形式的资助来支持创新和创业。例如,政府设立创业基金,提供小企业贷款,为创新者和创业者提供资金支持。此外,政府还通过税收优惠政策,如减免税收、税收抵免等,来鼓励创新者和创业者。

(3)政策引导

政府通过发布政策和指导文件,引导和推动创新创业的发展。例如,政府发布关于科技创新、创业教育等方面的政策,指导和推动创新创业的发展。

2. 学校

美国的学校(尤其是高等院校)是创新创业教育的主要承担者。此外,学校还经常与企业、社区等外部机构进行合作,以提供更实际、更接地气的创新创业教育。

(1)课程和教育

学校提供基础的创新创业课程和教育,如创新设计、商业计划书撰写等。这些课程不仅为学生提供创新创业的知识和技能,还培养学生的创新思维和创业精神。

(2)实践和实习

学校通过实习、创业大赛、导师制度等方式,为学生提供实践和创新的机会。这些实践和实习可以帮助学生将理论知识应用到实践中,提高他们的实践能力和创新思维。

(3)合作和交流

学校经常与企业、社区等外部机构进行合作,以提供更实际、更接地气的创新创业教育。这些合作和交流可以为学生提供更多的实践机会和学习资源,也可以为企业和社区提供人才和智力支持。

3. 社会机构

社会机构也是推动美国创新创业教育的重要力量。这些机构通过各种方式向公众提供创新创业教育。此外,一些社会机构还会提供创业援助服务。

(1)教育和宣传

社会机构通过举办讲座、研讨会、实践课程等方式,向公众提供创新创业教育。这些教育和宣传活动可以提高公众对创新创业的认识和理解。

(2)创业援助

社会机构提供创业援助服务,如创业咨询、商业计划书评估等,帮助创新者更好地实现他们的创新想法。这些服务可以为创新者提供指导和支持,帮助他们克服各种困难和挑战。

(二)美国创新创业人才培养模式的主要特点

美国创新创业人才培养模式的主要特点包括以下几方面(图 3-4)。

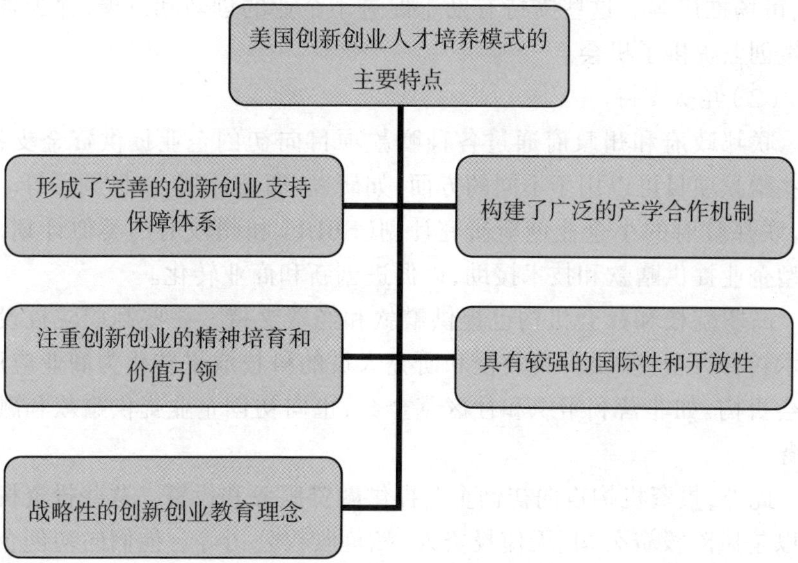

图 3-4 美国创新创业人才培养模式的主要特点

1. 形成了完善的创新创业支持保障体系

美国创业教育协会认为,创业是一项终身的学习过程,创业教育应该贯穿从初等教育到高等教育的整个教育体系。这意味着创业教育的范围不仅包括高等教育阶段,还应该涵盖小学、初中、高中和职业培训等更广泛的教育领域。

在这个全方位教育体系的框架下,创业教育被视为一个动态的过程,旨在培养学生的创新思维、领导力、团队协作等能力,以及帮助学生掌握创业所必需的技能和知识。这种教育方式鼓励学生主动探索、创新和发现,同时也注重培养学生的批判性思维和解决问题的能力。

美国对创新创业提供的支持主要包括四个方面。

(1)政策支持

如前所述,美国政府在科技成果转化、专利申请、小企业发展等方面为青年学生创业提供了法律保障和政策支持,以促进青年学生创业。

美国政府为促进科技成果转化和专利申请,制定了一系列法律和政策,包括《拜杜法案》《技术转移法案》《小企业创新发展法案》等。这些法律和政策为青年学生创业提供了法律保障和政策支持,鼓励他们将科技成果转化为实际应用,并保护他们的知识产权。

此外,美国政府还为小企业发展提供了各种支持,包括提供贷款、减税、市场推广等。这些支持有助于促进小企业的创新和发展,并为青年学生创业提供了机会。

(2)经费支持

联邦政府和州政府通过各种赠款项目向初创企业提供资金支持。这些赠款项目可以用于不同的方面,如研发、商业计划、市场调研等。例如,联邦政府的小企业创新研究计划(SBIR)和州政府的类似计划,向小型企业提供赠款和技术援助,以促进创新和商业转化。

高职院校和社会机构也提供赠款和经费支持。一些高职院校设有技术转移办公室,负责将教授和研究人员的科技成果转化为商业应用。社会机构,如非营利组织和社区基金会,也向初创企业提供赠款和融资服务。

此外,投资机构也向初创企业提供融资服务和投资。这些投资机构可以是风险投资公司、天使投资人、私募股权公司等。他们向初创企业提供资金和支持,并帮助这些企业成长和发展。

（3）指导服务

高职院校教师和企业导师在创业教育中对创业学生提供咨询服务，包括融资、经营管理、市场调研、法律咨询等方面。这些咨询服务旨在帮助学生解决创业过程中遇到的问题和挑战，帮助他们更好地发展创业计划和项目。

例如，华盛顿高职院校西雅图分校聘请了一批企业家进驻校园，这些企业家是成功的企业创始人或高管，具有丰富的创业经验和专业知识。他们为学生提供咨询服务，分享自己的创业经验和知识，帮助学生解决创新创业问题。这些企业导师可以为学生提供针对性的建议和指导，帮助他们更好地了解行业和市场，制定合适的商业计划和策略。

此外，高职院校教师也积极参与创业教育，为学生提供学术和实践方面的支持。他们可以为学生提供有关融资、市场营销、法律事务等方面的指导，同时还可以帮助学生与潜在的投资者和合作伙伴建立联系。这些教师和导师的咨询服务是创业教育的重要组成部分，有助于提高学生的创业成功率和创业能力。

（4）场地与设备服务

美国高职院校和社会机构建设了大量的众创空间和孵化器，为初创企业提供低于市场价格的办公场地租用服务，同时提供 3D 打印、激光制作等设备。此外，美国还拥有完善的创新创业支持保障体系，包括政策支持、法律保障、金融服务、教育培养等方面，帮助青年创业者降低了创业成本和风险，提升了创业成功率。

例如，美国的孵化器通常会提供办公场地、设备、资金、法律咨询、技术支持等综合服务，帮助初创企业解决在创业初期遇到的各种问题。此外，美国的创业教育也非常发达，许多高职院校都开设了创业学专业，为学生提供全面的创业教育和培训。

2. 构建了广泛的产学合作机制

美国创新创业的产学合作机制确实非常发达，高职院校和企业之间的合作非常密切。这种合作机制的好处在于，高职院校和企业可以互相补充彼此的资源，高职院校可以获得更多的实践经验和资金支持，而企业则可以获得更先进的技术和人才支持。

具体的合作方式有很多种。比如，高职院校可以与企业合作开展科研项目，共同研发新技术和新产品。企业也可以在高职院校内部设立实验室或研发中心，与高职院校的教授和科研人员合作开展研究。此外，高职院校还可以通过技术转移、专利许可等方式，将科技成果转化为商业应用。

另外，美国政府也通过各种政策和计划来促进校企合作。比如，联邦政府设立了国家科学基金会、国家技术和创新奖、小企业创新研究计划等机构和项目，为高职院校和企业的合作提供资金支持和政策引导。此外，州政府和地方政府也会设立类似的机构和计划，以促进本地区的创新创业发展。

3. 注重创新创业的精神培育和价值引领

（1）注重培养学生的企业家精神

美国通过创业教育，不仅仅是为了培养学生成功地创办公司、创造商业价值，更重要的是培养学生的企业家精神，提高他们的开拓性、创新性和进取性。创业教育不仅仅是为了培养企业家，更是为了让每个人都能够发挥自己的潜力，探索和实现自己的创业梦想。

美国的创业教育不仅仅是在课堂上教授理论知识，更重要的是通过实践和体验来培养学生的创业能力和精神。学生可以通过创建自己的公司、开发自己的产品来实践他们的创业想法。此外，美国的创业教育还注重培养学生的领导力、团队协作能力、创新思维等软技能，这些都是成功创业所必需的。

（2）强调创新创业的社会价值

美国非常重视“社会创业”的概念，并将其视为解决环境、贫穷、饥饿等社会问题的重要途径之一。社会创业教育旨在培养学生的创新思维和创业能力，使他们能够以商业方法来解决社会问题，并承担起自己的社会责任。

通过社会创业教育，学生可以学习如何识别和解决社会问题，了解创业机会并将其转化为商业机会，同时也可以学习如何领导和管理团队以实现社会目标。这种教育不仅可以为学生提供就业机会，还可以帮助他们为社会做出贡献。

此外，社会创业教育还可以帮助学生了解如何通过创业者和企业的行为来解决社会问题，并回报社会。这不仅可以提高企业的社会责任感，还可以为学生提供更多的职业发展机会。

（3）关注并支持少数民族和弱势群体的创业实践

美国是一个多元文化的国家，关注弱势群体的创业实践并给予支持指导便体现了这一特征。美国小企业局为妇女、少数民族创业企业设立了专门机构，以便为这些弱势群体的创业者提供了更多的支持和指导。此外，高职院校和社会组织也关注弱势群体的创业，如百森商学院专门设立创新创业支持项目，来提高黑人的创业质量，增加黑人创业的数量及延长其创业企业的寿命。这些举措有助于促进多元文化社会的发展，并提高弱势群体的创业能力和成功率。

4. 具有较强的国际性和开放性

首先，美国在国际范围内吸引优秀的创业人才。为了实现这一目标，美国国土安全部（DHS）推出了一项移民创业者鼓励计划，通过启动签证法案等一系列操作性政策，吸引来自世界各地的最优秀的人才。这个计划旨在促进美国的经济增长，增加创业就业机会，并为这些移民创业者提供支持和帮助。

其次，美国将创新创业教育向世界推广。美国的高校和教育机构积极与世界各地的学校、企业和政府机构进行合作，分享和推广美国的创新创业教育理念和经验。这种国际合作有助于培养全球视野的创业人才，推动世界范围内的创新创业发展。

此外，美国的创业教育生态系统非常开放，包括各种类型的机构和组织。这种开放性和多样性使得美国的创业教育能够吸引并整合全球的资源，为创业者提供更广泛的支持和帮助。

5. 战略性的创新创业教育理念

通过创新创业教育的实施，培养出创业型人才，更好地适应社会工作的要求，为国家创造出巨大的经济价值和社会财富，是美国战略性的创业教育理念。

这种理念不仅促进了创新创业教育的成功，也使得美国在创业型经济发展方面取得了显著的成绩。通过培养具有创新思维和创业能力的人才，美国不断推动着新技术、新业务和新市场的出现，为国家经济的发展带来了巨大的推动力。

同时，这种创业教育理念也促进了美国社会的进步和发展。创业活动不仅创造了大量的就业机会，也推动了社会创新和科技进步。这些创业者的创新精神和企业家精神为社会带来了新的思维方式和解决问题的方法，推动了社会的持续发展和进步。

二、英国创新创业人才培养模式

（一）英国创新创业人才培养模式实施的经验

英国创新创业人才培养模式实施的经验主要包括以下几方面（图3-5）。

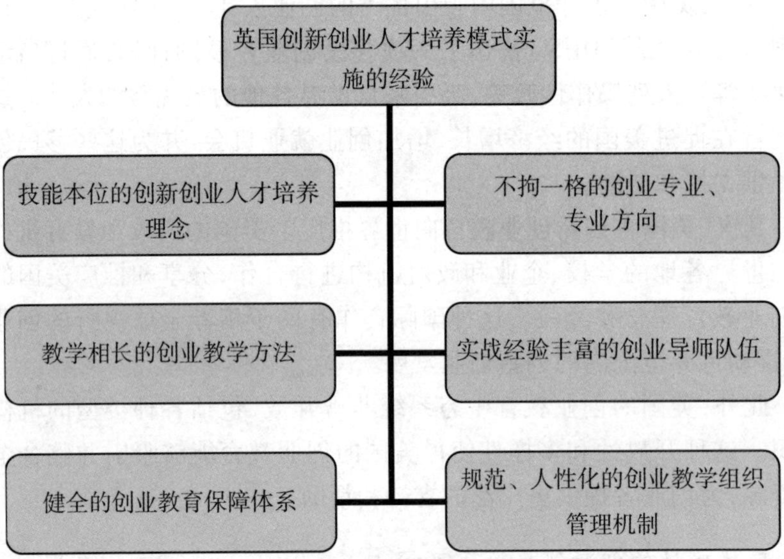

图 3-5　英国创新创业人才培养模式实施的经验

1. 技能本位的创新创业人才培养理念

英国的高职教育确实非常注重培养学生的创业技能，这种重视不仅体现在教育内容和教学方法上，还体现在政府政策和社会环境的支持上。以下是对英国高职教育中创业教育的详细分析。

第一，专业设置和教学内容。英国的高职教育在专业设置和教学内容上非常注重与实际需求接轨，尤其是与创业相关的专业和课程。这些课程往往涵盖了创业所需的各种技能，包括领导力、团队协作、商业计划制定、市场分析、融资等。此外,还会提供实践性的课程,比如模拟创业项目、实习等,让学生在实际操作中学习和掌握创业技能。

第二,教学方法。英国的高职教育采用的教学方法非常多样化,强调实践和互动。例如,案例研究、角色扮演、小组讨论等教学方法,都可以让学生在互动中学习,提高他们的解决问题和决策能力。此外,还会提供实习、导师制度等实践机会,让学生可以在实际环境中学习和体验创业。

第三,教学考核与评价。英国的高职教育对于学生的创业技能也有一套完善的考核和评价机制。除了传统的考试和论文外,还会考察学生的项目执行能力、团队协作能力、商业计划书撰写能力等,更加注重学生的实践能力和综合素质。

除了教育机构自身的努力,英国政府也在政策上支持创业教育。例如,英国政府发布的"高等教育创业计划"就通过多种方式资助创业类课程和创新教学,包括资助创业类课程、与雇主合作、教师专业发展、学习技术与资源开发等。这些政策不仅丰富了学生的学习内容,也提高了他们的创业意识和能力。

2. 不拘一格的创业专业、专业方向

英国的高职院校不仅开展普适性的创业管理通识教育,还探索了专业化创新创业人才培养模式。它们通过开设创业专业、专业方向、联合学位等方式,来培养创新创业专业人才。这种专业化的人才培养模式能够更好地满足学生对创业知识和技能的需求,帮助他们更好地适应和参与到创新创业的领域中去。

3. 教学相长的创业教学方法

英国高职院校采用了多种灵活多样的创业教学方法,包括野外拓展训练法、师带徒学习方法、角色扮演法、情景模拟法、敏感性训练法、头脑风暴法、工作实习项目、工作访问、创业咨询会、行动式学习等。这些方法能够适应不同的教学需求和学生的学习风格,有效地促进创业教学相长,改进教学方法和手段。

为了进一步促进创业教学的质量和效果,英国的高职院校还设置了教与学优异中心。这些中心旨在促进创业教学的创新和发展,通过提供优秀的教学资源和教学方法,提高教学质量和学生的学习成果。例如,谢菲尔德高职院校、约克高职院校和利兹高职院校共同设置了“白玫瑰教与学优异中心”,每个高职院校校内都设置面向所有学科的创业区,以优化创业教学资源整合,拓宽创业项目孵化空间,推动创业教育项目合作研究与创业模拟演练。

4. 实战经验丰富的创业导师队伍

英国的高职创业教育对教师的要求较高,这不仅要求教师具备广泛的创业知识,还需要他们具备卓越的创业技能和创业实践经验。为了满足这一要求,英国的高职院校采取了一些措施。

第一,拓展创业课程师资来源。英国的高职院校不仅在传统的商学院或管理学院中寻找创业课程教师,还将师资来源拓展到其他学院,如环境、音乐、艺术、工程、建筑等学院。这些学院的教师可能会带来不同的视角和经验,从而丰富创业教育的内容和方式。

第二,引入高技能的“创业导师”。英国的高职院校还与创业社团和企业合作,邀请这些机构的高技能人才担任“创业导师”。这些导师可以为学生提供更加实际和具体的指导,帮助他们更好地理解和掌握创业的技能和知识。这些导师通常具有丰富的创业经验,能够分享他们的见解和策略,激发学生的创业热情。

通过这些措施,英国的高职院校努力提高创业教育的质量和影响力。它们努力创造一个支持性的学习环境,让学生可以获得广泛而深入的创业知识和技能,为他们的未来创业道路做好准备。

5. 健全的创业教育保障体系

(1)宽松的创业法规与政策

英国政府部门为创业者营造了良好的政策环境,通过制定和实施一系列创业扶持政策,为创业者提供了全方位的支持。

第一,创业企业准入。英国政府实施了较为宽松的企业准入政策,创业者可以相对容易地成立新企业。此外,政府还简化了企业注册流程,降低了注册门槛,使得更多的人可以参与创业。

第二,高职院校知识产权保护。英国政府非常重视知识产权保护,通过立法和执法措施,为创新者和创业者提供有效的知识产权保护。这可以鼓励创新和技术的转移,从而推动经济发展。

第三,技术创新。英国政府通过资助各种技术创新项目,鼓励企业和学术机构进行技术创新,提高产品和服务的竞争力。

第四,科研技术成果转化与转让。英国政府支持科研机构和技术成果的转化和转让,以便将科技成果转化为商业产品和服务,推动经济发展。

第五,中小企业投融资。英国政府为中小企业提供了多种投融资渠道,包括政府基金、风险投资、银行贷款等。这些资金可以帮助中小企业实现业务发展和扩大规模。

第六,税收与信贷优惠。英国政府通过减免税收、提供贷款优惠等方式,鼓励创业者和企业投资和发展。这些政策可以降低创业者和企业的成本,提高他们的盈利能力。

第七,工商管理。英国政府为企业提供了各种工商管理支持,包括公司注册、税务咨询、财务规划等。这些支持可以帮助创业者更好地管理企业,提高经营效率。

第八,创业培训。英国政府提供各种创业培训课程和指导,帮助创业者了解创业的流程和技能,提高创业的成功率。

第九,资金扶持。英国政府通过各种资金扶持计划,为创业者提供资金支持。这些资金可以用于企业运营、研发、市场推广等各个方面,帮助创业者克服资金短缺的困难。

(2)公私融合、兼顾公平与效率的充裕的创业教育基金

英国高职院校创业教育基金的来源渠道广泛,形成了以政府公共财政投入资金为主,其他资金为辅的公私融合、兼顾公平与效率的充裕的创业教育基金。这为英国高职院校的创业教育提供了稳定的资金保障,有助于推动创业教育的持续发展和优化。

(3)多元化创业支持机构体系

①官方创业支持机构

除了中央与地方各级政府部门,还包括由各类官方基金资助的创业中心和创业委员会,例如英国科学创业中心和全国高职学生创业委员会。这些机构和组织在英国的创业教育中扮演着重要的角色,提供资金支持和指导,帮助创业者克服各种挑战和困难,推动创业企业的发展。

②非政府创业支持机构

英国还充分发挥了各类创业协会和民间力量的创业支持作用。例如,全球创业研究协会和高等教育政策协会等组织在英国的创业教育过程中也扮演着至关重要的角色。这些协会和民间力量提供了各种资源

和支持,帮助创业者推动创业教育的发展和优化。

③校内、校际创业支持机构

英国大部分的高职院校都设置了创业学院、创业中心、就业力优异中心、专利转让与服务机构等相关创业支持机构,这些机构为创业者提供了各种支持和资源。此外,各类创业俱乐部和创业协会也在英国的创业教育中扮演着重要角色,提供了交流平台和网络,帮助创业者相互学习和分享经验。

英国的高职院校还注重校际和区域性的创业教育合作。通过合作,不同学校和地区可以共享资源和经验,开展联合项目和研究,促进创业教育的创新和发展。这种合作还可以为学生提供更广泛的创业机会和实践经验,帮助他们更好地理解和掌握创业的技能和知识。

④国际性创业支持机构

例如,"自由创业的学生"是一个面向全球46个国家、1800多所高职院校的非营利性国际创业组织,旨在促进全球创业教育的发展和合作。该组织为学生和教师提供了各种资源和支持,包括网络平台、创业课程、实践机会和资金资助,帮助他们更好地理解和实践创业的技能和知识。通过与全球各地的创业组织合作,该组织还推动了创业教育的全球化和合作化发展。

6. 规范、人性化的创业教学组织管理机制

英国高职院校的规范、人性化创业教学组织管理机制在一定程度上保证了创新创业人才的培养质量。同时,为了不断改进创业教育的评价方法和手段,英国高职院校建立了基于发展创业技能、实践行为和支撑特性的三维评判体系,引入自我评价和同行评价,并拓展了学生创业学习效果评价模式。这种综合性的评价方法和体系可以更好地反映学生的创业技能和实践能力,为教师和学生提供更有价值的反馈,有助于进一步提高创新创业人才的培养质量。

(二)英国高职院校创新创业人才培养模式对我国高职院校的启示

英国高职院校创新创业人才培养模式对我国高职院校的启示主要包括以下几方面(图3–6)。

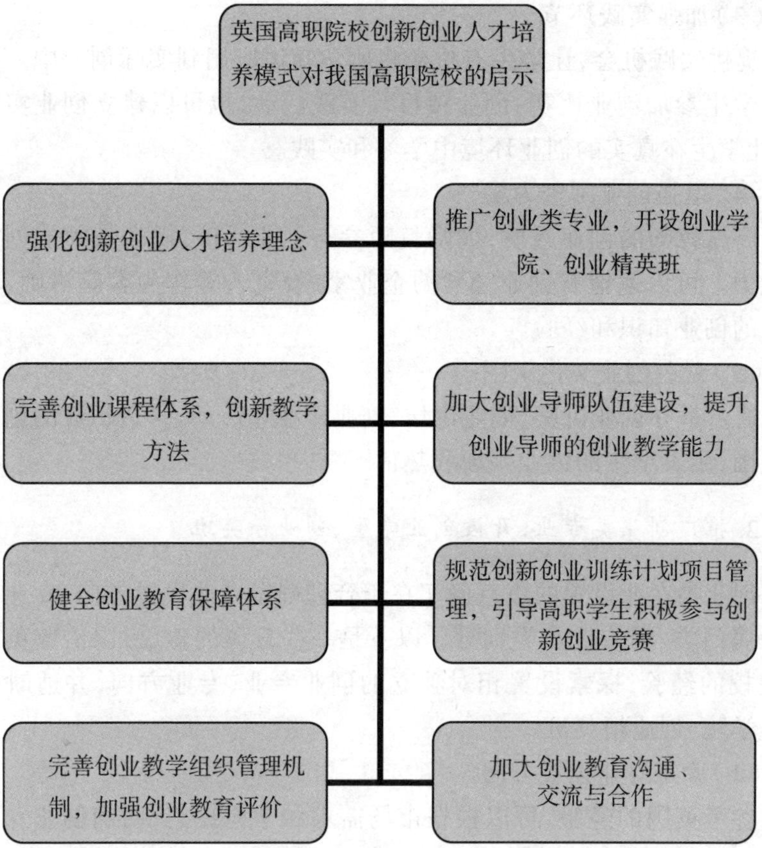

图 3-6　英国高职院校创新创业人才培养模式对我国高职院校的启示

1. 强化创新创业人才培养理念

高职院校教育管理者和教师需要强化创新创业人才培养理念，并将创业素质教育融入人才培养的全过程。

（1）设定明确的培养目标

根据学校的学科特点、专业结构、创业师资力量，结合经济和社会发展的需求，制定具体的创新创业人才培养目标。这个目标应该注重培养学生在创业过程中的知识、能力和热情。

（2）设置创新创业教育课程

在课程设置上，可以增加与创业相关的课程，如创新思维、创业基础、商业计划书写作等。这些课程应该注重实践，让学生有机会亲身参与创业活动。

（3）加强实践环节

提供实践机会，让学生有机会将所学知识应用到实际创业中。可以组织学生参加创业比赛、创业项目等实践活动，也可以建立创业实践基地，让学生在真实的创业环境中学习和实践。

（4）增强创业师资力量

提高教师的创业素质，鼓励教师参与创业活动，提高教师的创业教育能力。可以邀请有创业经验的企业家、投资人等作为客座讲师，增强学生的创业知识和经验。

（5）营造创业文化氛围

通过举办创业讲座、创业论坛、创业比赛等活动，营造积极的创业文化氛围，激发学生的创业兴趣和热情。

2. 推广创业类专业，开设创业学院、创业精英班

创业类专业设置的重点确实在于合理确定专业设置方向、专业名称与所属门类、学位授予类别等。以下是一些具体的建议，以借鉴英国高职院校的经验，探索设置相对独立的创业专业、专业方向，并适时开设创业学院、创业精英班。

（1）确定专业设置方向

参考英国的经验，可以根据市场需求和学科特点，明确创业专业的设置方向。例如，可以设置科技创业、市场营销创业、人力资源创业等相关专业，以适应不同领域的创业需求。

（2）专业名称与所属门类

专业名称应该清晰明确，能够准确反映专业的培养目标和课程设置。同时，在所属门类方面，可以借鉴英国的经验，将创业专业归属于管理学、经济学、工学等不同门类，以突出其专业特点。

（3）学位授予类别

根据专业的特点和学生的未来职业发展需求，可以借鉴英国的经验，将创业专业的学位授予类别设置为管理学、创业学等。这样可以凸显创业专业的独特性和实用性。

（4）探索设置相对独立的创业专业、专业方向

可以借鉴英国高职院校的实践，探索设置相对独立的创业专业、专业方向。例如，可以开设专门的创业学院，下设科技创业专业、市场营销创业专业等。同时，也可以根据需要开设创业精英班，以进一步提高创

业教育的专业化和精细化程度。

3. 完善创业课程体系,创新教学方法

通过科学设计创业类课程,将创业通识教育与创业专业知识教育相结合,形成全方位、宽口径、厚基础、重技能的创业课程体系。同时,注重创业实践教学,改革教学方法,发挥学生社团的作用,可以有效地提高创新创业人才培养质量,培养具有创新精神和创业能力的高职学生。

4. 加大创业导师队伍建设,提升创业导师的创业教学能力

采取"走出去"和"引进来"战略相结合的方式,对于提高高职院校的创新创业教育质量和效果具有重要的作用。

(1)选派教师到企事业单位、社区、非营利组织挂职锻炼

通过选派优秀的教师到相关组织挂职锻炼,让他们深入了解创业的过程和实践,培养其创业素质和创业教学能力。这可以通过与相关组织建立合作关系,安排教师参与实际创业项目,或与创业成功人士、卓越企业家等进行交流学习等方式实现。

(2)引入创业实战经验丰富的卓越企业家、创业成功人士、政府官员等担任创业导师或客座教授

引入具有创业实战经验的企业家、成功人士、政府官员等担任创业导师或客座教授,可以为学生提供更加真实、实际的创业经验和指导。可以通过开设客座讲座、定期指导、实践项目等方式,让他们直接或间接地参与到创业教育中。

(3)制定、实施创业教学导师发展规划

制定详细的发展规划,明确创业导师的选拔、培养、管理、评估等环节,确保创业导师队伍的质量和稳定性。同时,实施相应的培训计划,提升创业导师的专业能力和教学水平。

(4)完善创业导师聘任、薪酬福利、社会保障、职务与级别晋升、绩效管理等配套措施

制定合理的薪酬福利制度、社会保障措施以及职务与级别晋升机制,为创业导师提供良好的工作环境和发展前景。同时,建立科学的绩效评估机制,对创业导师的工作绩效进行评估,激励优秀导师,促进整个导师团队的发展。

通过采取这些措施,可以进一步优化高职院校的创业教育体系,提

高教育质量和效果，培养更多具有创新精神和创业能力的高职学生。

5. 规范创新创业训练计划项目管理，引导高职学生积极参与创新创业竞赛

高职学生创新创业训练项目和创新创业竞赛是培养创新创业能力和精神的重要途径。科学、规范的项目管理能够提供良好的机会和平台，推动高职学生积极参与创新创业活动，提升他们的实践能力和综合素质。同时，校内、校际、区域性、全国性、国际性创新创业竞赛也为高职学生提供了展示成果和项目商业化的机会。

6. 加大创业教育沟通、交流与合作

高职院校应该积极开展创业教育领域的国际和国内合作与交流，搭建创业教学资源共享平台，促进创业导师、优秀企业家、专职教师、学生之间的良性互动。可以通过定期组织创业教学研讨会、座谈会、学术讲座等方式，促进教师和学生之间的交流和合作。同时，应该加大与其他学校、科研院所、政府、企业、创业扶持组织和创业基金会在高职学生创业教育方面的合作与交流，共同推进创业教育的发展。通过国际和国内合作与交流，高职院校可以引进先进的创业教育理念和教学资源，提高创业教育的质量和水平。同时，可以借助其他机构的经验和资源，为学生提供更好的创业支持和帮助。这样不仅可以提高学生的创新创业能力，还可以为社会发展做出贡献。

第四节　我国高职院校创新创业人才培养模式的构建

一、我国高职院校创新创业人才培养的要求

我国高职院校创新创业人才培养的要求如图 3-7 所示。

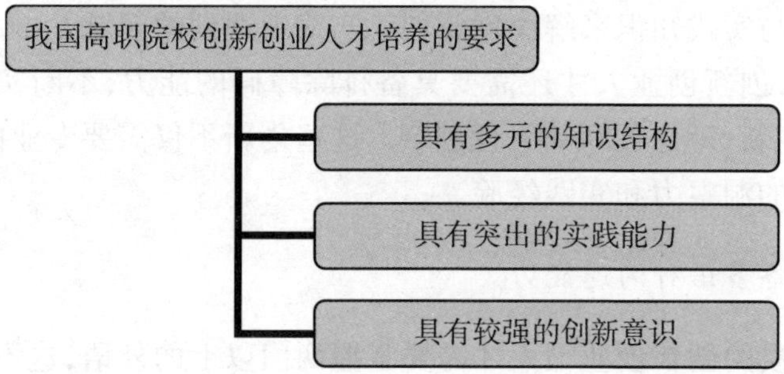

图 3-7　我国高职院校创新创业人才培养的要求

（一）具有多元的知识结构

1. 具有良好的人文修养

未来社会的创新创业人才需要掌握基础的人文知识、法律知识、历史知识、哲学知识、艺术知识等多元合理的知识结构。这不仅是为了拓宽他们的视野和知识面，更是为了让他们更好地理解社会、文化和人类行为，从而更好地进行创新和创业。

了解中国传统文化和世界文化的精髓也是非常重要的。这不仅可以帮助他们更好地理解自己的文化背景，也可以帮助他们更好地理解其他文化，从而在全球化的经济体制中更好地适应和发展。

具有良好的人文素质修养也是非常重要的。这不仅可以帮助他们更好地与他人沟通和合作，也可以帮助他们更好地理解自己和他人，从而在创新创业的过程中更好地发挥自己的潜力。

2. 精通本专业领域的知识

我国高职院校培养的创新创业人才，需要比较系统地掌握本专业领域宽厚扎实的基础理论知识及动手实践知识。同时，他们还需要对博大精深的专业知识与技能有深入的了解，对本专业大多数领域的相关知识也有相当程度的了解。

深刻理解本专业业务流程并能够洞察其深层次问题，这是创新创业人才必须具备的能力之一。结合实际情况，他们需要给出相应的解决方案，并将本专业领域与其他相关知识领域紧密联系起来，综合运用专业理论知识与实践知识来解决创新创业实践中遇到的问题。

另外，创新创业人才还需要具备排除障碍的能力，不断实现产品创新、技术创新、理念创新和管理创新。这些创新不仅需要专业的知识，还需要敏锐的洞察力和实践经验。

3. 具备多语种沟通能力

高素质的创新创业型人才需要掌握两门以上的外语，这不仅是为了拓展他们的视野和知识面，更是为了让他们在创新创业的过程中能够更好地与不同文化背景的人进行交流和合作。

高素质的创新创业型人才还需要具备扎实的外语基础和良好的语言学习方法。这包括外语语音、词汇、语义等方面的知识，以及听说能力和读写能力的提高。只有掌握了这些知识和技能，他们才能够运用外语进行顺畅的沟通和交流，解决创新创业过程中遇到的问题。

具备多语种沟通的能力是全球化经济中解决创新创业困难与障碍的前提条件。只有具备了这种能力，他们才能够更好地与不同文化背景的人进行沟通和合作，实现创新创业的目标。

（二）具有突出的实践能力

在熟练掌握扎实的专业理论知识和实践知识的前提下，创新创业型人才必须具备理论联系实际的能力。这意味着他们能够将所学的知识和技能应用到具体的工作中，将理论和实践相结合，从而解决问题并实现创新。

只有在运用知识和理论的过程中，才能体现创新能力。创新创业型人才需要具备独立思考的能力，发现实践中的问题并创造性地提出解决方案。这种创新能力使他们能够适应不断变化的环境，解决复杂的问题，并在创新创业的过程中取得成功。

（三）具有较强的创新意识

1. 敏锐的创业意识

创业意识是创新创业人才从事创新创业活动的重要驱动力，它包括商机意识、将商机转化为现实生产力的意识、创业的战略意识、规避风险的意识和敬业意识等。这些意识在创业过程中起到了动力作用,使得创业者能够敏锐地发现商机,将其转化为现实生产力,并在创业过程中制定战略、规避风险和保持敬业精神。

创业意识的要素包括不满于现状的创业需要、追求成功的创业动机、浓厚的创业兴趣和一定时间内稳定的创业理想等。这些要素使得创业者有一种追求更好的愿望,从而推动他们去寻找和创造新的机会。创业需要和创业动机是创业意识的内在驱动力,创业兴趣则是创业者的个人情感因素,而创业理想则是他们追求的目标和方向。

在创业过程中,创业意识的作用非常重要。首先,创业意识能够激发创业者的创新思维和创业热情,使得他们能够敏锐地发现商机并迅速采取行动。其次,创业意识能够推动创业者不断学习和提高自己的能力,从而在创业过程中不断取得进步。最后,创业意识能够使创业者保持坚定的信念和决心,在面对困难和挫折时能够坚持不懈地追求自己的梦想。

因此,对于想要成为创新创业人才的人来说,培养和提升创业意识是非常重要的。

2. 新颖的创新思维

创新创业人才需要具备跳出传统思维模式的能力,能够突破常规思维的界限,从而看到新的可能性。这需要他们勇于挑战现有的规则和观念,敢于提出新的想法和解决方案。

创新创业人才需要具备独立思考和深入分析的能力,能够形成自己独特的见解。这需要他们不仅要掌握已有的知识和信息,还能够从中发掘出新的视角和观点,提出与众不同的解决方案。

3. 灵敏的商业经营意识

高职院校培养的创新创业人才需要具备市场敏锐度、创新创业意识、商业经营谋略、商业营销基本理论和实践能力以及诚实守信的商业经营作风。这些能力和素质将有助于他们在创新创业的道路上取得成功,推动经济发展和社会进步。

二、我国高职院校创新创业人才培养的模式

（一）我国高职院校创新创业人才培养目标体系

我国高职院校创新创业人才培养目标体系可以分为横向目标体系、纵向目标体系和多重目标体系。

1. 横向目标体系

横向目标体系是指根据特定的指向作为高职院校创新创业人才培养的目标，一般可以分为创业能力目标、知识目标、人格目标等。

创业能力目标是指培养学生的创业能力和实践技能，包括创新能力、创业意识、商业素养、领导力、团队协作等方面的能力，旨在提高学生的创业实践能力和综合素质，以适应社会对创新创业人才的需求。

知识目标是培养学生具备创新创业所必需的专业知识和技能，包括市场营销、财务管理、人力资源管理、战略管理、法律法规等方面的知识，旨在为学生提供必要的知识基础和技能，以应对创新创业中的各种挑战。

人格目标是培养学生具备适合企业发展的人格特质和价值观，包括自信心、进取心、适应力、承受力、合作性等方面的特质，旨在调节学生工作动机，帮助学生适应企业发展的需要。

通过以上目标体系的设定，可以全面考虑学生的职业规划、兴趣和能力，以及创业实践和创业环境等因素，为学生提供更加个性化和全面的创新创业教育和培训，以培养符合社会需求的高素质创新创业人才。

2. 纵向目标体系

纵向目标体系是指以培养高职院校创业人才的实现能力作为主要发展目标，一般可以将其划分为理解创业行为、掌握创业能力、实施创业能力等三个层次。

理解创业行为目标是让学生了解创业是什么，包括创业的概念、特点、规律、风险等方面的内容。通过培养学生的创业意识和创业思维，帮助学生理解创业行为，激发学生的创业热情和兴趣。

掌握创业能力这一层次的目标是让学生掌握创业所需的能力和技能，包括市场分析、商业模式、团队建设、财务管理等方面的能力。通过课程学习、实践训练等方式，培养学生的创业能力和技能，为学生未来创业提供必要的支持和保障。

实施创业能力这一层次的目标是让学生具备实施创业的能力，包括商业计划书撰写、市场调研、团队协作、风险控制等方面的能力。通过实践项目、创业竞赛等方式，让学生在真实的创业环境中锻炼实施创业的能力，提高学生的创业实践能力和综合素质。

通过以上三个层次的划分，可以逐步递进地培养学生的创业意识和创业能力，让学生从理解创业行为到掌握创业能力，最终实现创业能力的实施，以适应社会对创新创业人才的需求。

3. 多重目标体系

高职院校创新创业人才培养需要考虑多个因素，包括学校的类型和定位、学生的特点和需求、创业实践和创业环境等。由于不同高职院校的体制和专业设置有所不同，因此需要从高职院校自身的发展需求出发，结合本校学生的特点，发挥专业设置的优势，构建适合本校的创新创业人才培养模式。

（二）转变教育观念

1. 变“适应性教育”为“创造性教育”

海阔凭鱼跃，天高任鸟飞。这是一句广为流传的谚语，表达了自由、无限可能的思想。在教育领域，我们也应该秉持这种理念，鼓励学生发挥潜能，挑战自我，展现个性。然而，长期以来，传统教育思想往往扼杀了学生的创造性，使他们不敢挑战，不敢表现个性。即使在今天，部分高职院校仍未能树立正确的创新创业教育观，没有予以充分重视和深度认识，不能发挥创新创业教育应起的作用。

高职院校肩负着时代赋予教育的使命，需要将创新创业教育的重要性提高到等同专业文化教育的高度。教育正经历着一场缓慢而深刻的革命。在这个过程中，我们需要给学生一个广阔的平台，引导学生转变思想观念。具体操作形式不仅仅在课堂，还在课堂之外，开发“第二课堂",让学生有更多的实践机会和体验。同时,也可以将国家政策性的高职学生自主创业工作作为规定动作,各学校可以根据自身的办学水平、层次自主进行选择,让创新创业教育更加贴近学生的实际需求。

要用创新创业教育思想来指导教学育人的全过程。这意味着我们需要从课程设计、教学方法、实践活动等多个方面来渗透创新创业教育的理念和实践。例如,可以开设与创新创业相关的课程,让学生了解创业的基本知识和技能;也可以通过项目式学习、实践式学习等方式,让学生在实际操作中体验创新创业的过程和挑战。这样的教育方式不仅可以提高学生的专业知识和技能,还可以培养学生的创新思维、领导力、团队协作等能力,为他们的未来发展打下坚实的基础。

2. 借鉴外地先进经验,取长补短

他山之石,可以攻玉,这句话意味着通过学习他人的经验,我们可以获得宝贵的启示和帮助。国外的许多国家已经开设了创新创业教育,并且拥有相对完善的课程和成功的实践经验。这些经验可以为我国的高等院校提供有益的借鉴和参考,帮助我们更好地发展创新创业教育。

国外创新创业教育通常以现实创业环境状况为教学切入点,采用创业演练体验式教学,帮助学生理解创新意识创业规律、激发创造的热情。一些有条件的院校还会让学生初试牛刀,品尽创业的酸甜苦辣,让他们在实践中找到最适合自己的创业方向。这些教育模式和配套服务设施都比较完备,创新创业教育研究和实践体系构建已趋成熟,内容充实,经验丰富,并取得了举世瞩目的成绩。

在国内,许多省市的高职院校也在迅速发展创新创业教育,并且正在乘着国际教育发展的大趋势前进。我们可以从国外的成功经验中学习借鉴,进一步完善我们的创新创业教育。为此,我们应该加强与国际教育界的交流和合作,引进先进的教育理念和教学方法,同时结合我国的实际情况进行创新和改进。

在教学内容方面,我们可以增加更多的实践性和创新性内容,例如案例分析、创业计划书撰写、模拟创业等。这些内容可以帮助学生更好地理解创业的过程和规律,培养他们的创新思维和创业能力。同时,我们也可以借鉴国外的经验,开设一些创新创业相关的课程和培训,为学生提供更多的学习机会和实践经验。

在师资方面,我们应该加强教师的培训和培养,提高教师的创新创业教育水平和能力。教师可以通过参与实际创业项目、与企业合作等方式,增加自身的实践经验和能力,更好地指导学生进行创新创业实践。

3. 完善人才综合素质评价体系

现有的高等教育确实存在"重传授轻参与""重课堂轻现场"的现象,这种倾向往往导致学生缺乏实践能力和创新精神。此外,考核评价内容也过于侧重知识的记忆,而忽略了学生实际能力和综合素质的提升。

为了解决这些问题,我们需要从人才培养模式的角度出发,建立与职业岗位挂钩的教育质量评价体系。这个体系应该注重学生的实践能力和综合素质,而不是仅仅追求学科的完整性和逻辑性。通过科学判断和价值判断,我们可以对教育对象进行准确的评价,从而更好地培养出符合社会需求的高素质人才。

(三)深化高职院校教育体系改革

1. 重视师资队伍建设

培养学生的创新创业意识和能力是非常重要的,需要一支既有创新创业理论知识又有实践能力的教师科研队伍来实现。教师需要通过教授创新创业知识、锻炼创新创业能力、培养创新创业精神等方面,引导学生掌握基本流程和方法、了解相关法律法规政策,激发创新创业的热情,提高社会责任感。为了培养这样的教师队伍,可以采取以下措施。

第一,加强教师的培训和培养,提高教师的创新创业教育水平和能力。

第二,鼓励教师参与实际的创新创业项目,提高他们的实践经验和能力。

第三,建立教师科研团队,促进教师之间的交流和合作,共同研究创新创业教育的问题和解决方法。

第四,引进具有丰富实践经验和理论知识的外部专家,为教师提供指导和支持。

第五,建立激励机制,鼓励教师积极参与创新创业教育活动,提高他们的积极性和主动性。

通过这些措施,我们可以培养一支科研型、实践型创新创业教育师资队伍,为学生提供更好的创新创业教育和支持。

2. 营造良好文化氛围

文化的影响是深远的,榜样的力量是无穷的。通过利用各种宣传手段,在各个环节融入创新创业教育的思想和精神,可以让创新创业教育深入人心,达到全面的教育目标。例如,在课堂上可以结合创新创业的案例,在校园里可以举办创新创业大赛,家庭中也可以鼓励孩子进行创新创业实践。通过树立勇于创新创业的榜样,奖励支持有志于创新创业并取得成功的学生,可以促使学生形成崇尚创新创业的目标,鼓励个性张扬,保护突破性的创造行为,从而形成敢于创新创业的氛围。

此外,多参与其他组织的合作交流,共同探讨,发挥各自的优势,积极营造创新创业文化氛围,也是非常重要的。这样可以帮助学生具备社会竞争和生存能力,为毕业后寻岗就业和创新创业奠定良好基础。例如,可以参加各种创新创业社团、组织,参与各种创新创业活动和交流会议,与不同领域的人士交流合作,共同探讨创新创业的思路和方法。这样可以不断拓展自己的视野,增强自己的能力,为未来的创新创业打下坚实的基础。

(四)搭建实践教学平台

教育必须服务于社会,而实践教学是培养学生实践能力的重要环节。构建创新创业实践教学体系和搭建多样化的实践教学平台,可以让每个学生都能实际动手,学以致用,具备独立思考和判断的能力。此外,加强校企合作和拓展校外实训基地,可以利用真实的企业环境来锻炼学生的应用能力、社会实践能力和创新能力,同时也增强了对创新创业的信心和决心。

通过这些实践教学方式,学生可以更好地了解社会需求和行业动态,为将来的就业和创业做好准备。此外,实践教学还可以帮助学生发现自己的潜力和特长,激发他们的创新创业热情,从而更好地服务于社会。

总之,实践教学是培养学生实践能力、创新创业能力和社会责任感的重要途径,必须得到足够的重视和加强。同时,加强校企合作和社会实践,可以为学生提供更多的实践机会和实践经验,帮助他们更好地适应社会需求和行业发展趋势。

（五）建立高职院校创新创业教育评价反馈机制

有人说过，没有最终的评价，就没有最初的激情，中途的毅力很有可能不堪一击。这句话非常有道理，尤其是在创新创业教育中。因为创新创业教育具有成本较高、实践性强、成效滞后等特点，所以建立一个科学、多元的评价反馈机制非常重要。

这个评价反馈机制应该能够提供准确的判断，以便于学生和教师能够了解自己的表现和进步。同时，它也应该避免形式上的过度评价，以免打击学生的积极性和自信心。

为了实现这个目标，可以考虑以下几种方法。

1. 建立多元化的评价标准

除了传统的考试成绩和作业评价，还可以加入更多的评价标准，比如学生的创新能力、团队协作能力、领导力等。

2. 实施过程性评价

除了最终的成绩评价，还应该关注学生在整个学习过程中的表现，及时给予反馈和指导。

3. 利用现代技术手段

利用现代技术手段可以更好地记录和展示学生的学习成果，比如使用数字化平台记录学生的学习进度和表现。

4. 引入行业专家评价

行业专家的评价可以更加客观、专业，并且能够为学生提供更实际的建议和指导。

通过这些方法，我们可以建立一个科学、多元的评价反馈机制，既能够提高高职院校的积极性，又能够给出合理准确的判断，同时避免形式上的过度评价。这将有助于激发学生的创新创业激情和毅力，提高他们的创新创业能力。

（六）构建全社会支撑体系

1. 引导积极正确的创新创业舆论

传统文化的影响确实会对创新创业教育产生一定的影响。然而，我们也可以看到，随着时代的发展和社会的进步，人们对创新创业教育的认识也在逐步提高。现代社会越来越重视创新和创业，这也为创新创业教育提供了更好的环境和机会。

为了提高学生的创新创业意识和能力，我们需要从多个方面入手。首先，要积极转变传统教育观念，树立正确的创新创业理念，鼓励学生发挥创造力和创新精神。其次，要加强对学生的创新创业教育和培训，提高学生的实践能力和创业技能。此外，学校和社会也应该提供更多的支持和机会，鼓励学生参与创新创业活动，提高他们的信心和积极性。

同时，我们也需要加强对传统文化的学习和理解，从中发掘出有益的元素，为创新创业教育提供更多的启示和支持。通过深入了解传统文化和现代社会的发展趋势，我们可以更好地把握创新创业教育的方向和目标，为社会的发展进步做出更大的贡献。

2. 动员全社会创建各种支援体系

创新创业教育支援体系是一个庞大而复杂的系统，需要各方面的共同努力才能有效构建。除了学校的教育和活动，家庭、社会、媒体、政府、企业等利益相关者也起到了至关重要的作用。

家庭的认可和支持对于学生的创新创业精神的培养非常重要。如果家庭对创业持开放和支持的态度，会鼓励学生去尝试创新和创业，减少他们在创业路上的阻碍。

社会对创新创业的认同和鼓励也会对学生的信心和积极性产生积极影响。如果社会能够看到并肯定创新创业的价值，将会营造出一种鼓励创新、支持创业的环境，为学生提供更多的机会和支持。

媒体对于创新创业的报道和宣传也会影响公众对于创新创业的认识和理解。如果媒体能够积极报道创新创业的成功案例和创新理念，将会提高公众对于创新创业的关注度和认可度。

政府对于创新创业教育的政策和资金支持也是至关重要的。政府可以提供创业基金、创业培训、创业政策等各方面的支持，为学生提供更多的创业机会和资源。

企业对于创新创业教育的参与和支持也非常重要。企业可以提供实践机会、导师资源、资金支持等各方面的帮助，让学生更好地了解创业的过程和实践，提高他们的创业能力和信心。

学校是创新创业教育的主要场所，需要提供优质的课堂教学和实践活动，以培养学生的创新创业意识和能力。学校可以与企业、政府、社会等各方面合作，提供更多的实践机会和资源，为学生提供更好的创新创业教育环境。

总之，创新创业教育支援体系的构建需要各方面的共同努力，包括家庭的认可、社会的支持、媒体的宣传、政府的政策支持、企业的参与、学校的教育等。只有这些因素共同作用，才能营造出一个良好的创新创业教育环境，为学生的创新创业提供更多的支持和帮助。

三、我校创新创业人才培养的模式

（一）我校创新创业人才培养模式的发展

江苏建筑职业技术学院建筑智能学院可追溯至1984年的徐州煤炭建筑工程学校建校初期的土建专业科水暖教研组。建院40年来，特别是1999年开办高职以来，逐步形成了不同历史时期“一主线、二阶段、三层次、四模块”人才培养模式，“校企合作、工学交替、双证融通”工学结合人才培养模式等，并在学院各专业推广应用。当前，学院聚焦“立德树人、德技并修”人才培养，突出新基建、新工科的建筑业特色，全方位融合人才培养供给侧与需求侧结构性要素，经过持续多轮的创新赋能和增效累积的实践检验，创新构建了“三维度五要素”一体化人才培养模式。

（二）实践“三维度五要素”一体化人才培养模式

借助江苏建筑大省、建筑强省资源优势，依托与中建安装集团有限公司、南通通博设备安装集团有限公司等企业共建的建筑设备智能安装产业学院，积聚校内外实践教学资源和省市级科研平台，形成“全真＋仿真”产教融合集成平台，以“产教融合、校企合作”为实施路径，构建和实施“三维度五要素”一体化人才培养模式（图3-8），探索和实践多主体协同和多路径运行的质量评价考核“双螺旋”提升机制，服务于建筑产业数字化转型背景下的现代职教社区新形态。

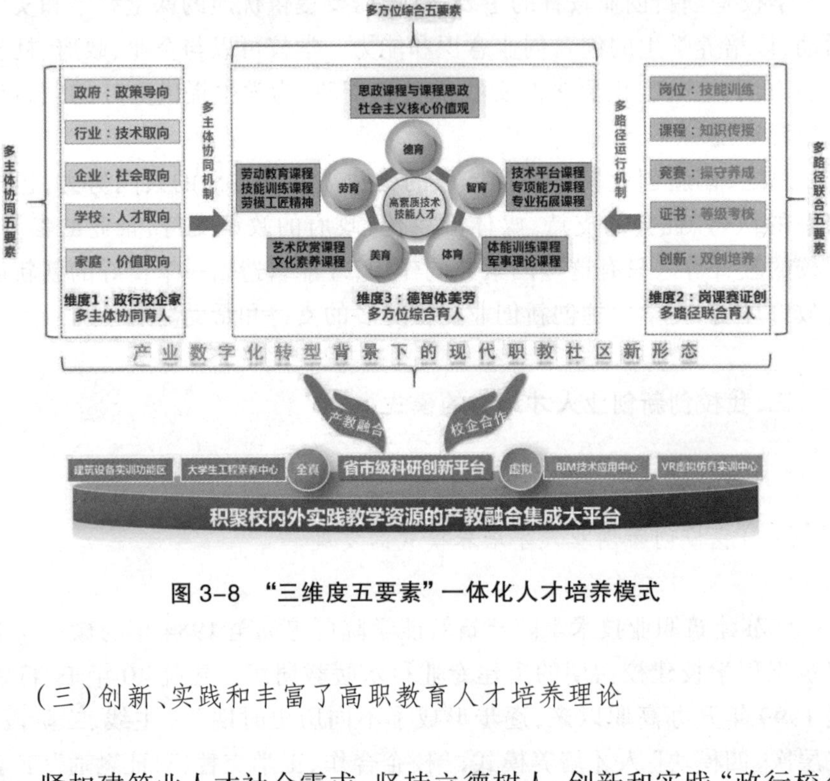

图3-8 “三维度五要素”一体化人才培养模式

（三）创新、实践和丰富了高职教育人才培养理论

紧扣建筑业人才社会需求，坚持立德树人，创新和实践“政行校企家多主体协同、岗课赛证创多路径联合、德智体美劳多方位综合”育人新模式。基于政府政策导向，行业技术取向，企业社会取向，学校人才取向，家庭价值取向，形成政行校企家多主体协同育人合力；通过岗位技术技能训练，课程专业知识传授，竞赛职业操守养成，证书技能等级考核，创新创业精神培养，积聚岗课赛证创多路径联合育人驱动力；以“思政课程与课程思政、社会主义核心价值观教育”赓续红色血脉，“技术平台、专项能力和专业拓展课程”提升职业技能，“体能训练和军事理论课程”锻炼健康体魄，“艺术欣赏课和文化素养课程”完善健全人格，“劳动教育、技能训练和劳模教育”培养职业操守，实践德智体美劳多方位

综合考核评价，培养适应高端产业和产业高端需要的社会主义建设者和接班人。

（四）创新创业人才培养模式的时间

1. 坚持多主体育人

首先，依据政府政策导向，2017 年 12 月，国务院印发了《关于深化产教融合的若干意见》提出，鼓励企业依托或联合职业学校设立产业学院；2021 年 10 月，中共中央、国务院印发《关于推动现代职业教育高质量发展的意见》强调，推动校企共建共管产业学院、企业学院，延伸职业学校办学空间。因此产业学院是中国特色职业教育办学体制改革的重要举措之一，有利于促进产教融合、校企合作的多主体协同育人。其次，依据行业技术取向和企业社会取向，适应产业数字化转型背景下的高素质技术技能人才社会需求，校内设立企业学院、定向培养或定向班等，如“张家港城市学院”“徐州正通班”等，可以有效实施精准的“靶向式”教育培训服务；校企共建共用共享校内实训基地、校外实习基地和专业群教学资源库等，深度合作企业全过程参与学生培养，从而实现政行校企家多主体间同频共振，形成协同育人合力。

2. 坚持多途径育人

首先，依据岗位技术技能训练，以岗位能力培养为目标，系统性架构理论教学体系和实践训练体系，全方位融合人才培养供给侧与需求侧结构性要素的横向融通和纵向贯通，深化全方位、多角度、立体化的实践教学资源建设与实施过程改革；为适应建筑工程越来越大型化、复杂化和超高层建筑、特大型桥梁等不断涌现的新材料、新技术、新工艺、新方法，以“校企合作、资源集聚、共享融通”为路径，建设“技术对流式”的建筑设备实训功能区，突破校内实践教学条件的习惯性“技术迟滞”。其次，依据竞赛职业操守养成和证书技能等级考核，基于职业真实性、专业应用性、技术先进性、实用创新性、持续拓展性需求，通过“全真 + 仿真”产教融合集成模式，建设开放式管理的“产学研培创”一体化实训基地，保障和促进专业的可持续发展，从而促进岗课赛证创多路径的教育节律与企业实践同步，积聚联合育人驱动力。

3. 坚持多维度评价

依据“思政课程与课程思政、社会主义核心价值观教育”赓续红色血脉，适应人才培养的新要求、新征程，坚持立德树人根本任务，通过“体能训练和军事理论课程”锻炼健康体魄，“艺术欣赏课和文化素养课程”完善健全人格，“劳动教育、技能训练和劳模教育”培养职业操守。

依据“技术平台、专项能力和专业拓展课程”提升职业技能，面向人才培养多样化多层次需求，坚持“质量引领、突出技能、注重发展”策略，紧扣高素质劳动者德技并修内涵要素，深度融合5G技术、移动通信、物联网等多用户智能终端，以岗位需求为基点、课程知识为重点、技能大赛为突破、职业证书为保证、实践创新为核心，建立自适应内部质量保证体系和常态化的持续诊断改进机制，从而改革多元质量评价和多方位质量评价相结合的德智体美劳多方位综合育人，培养适应高端产业和产业高端需要的社会主义劳动者。

基于德智体美劳多方位综合育人，坚持社会主义核心价值观的立德树人、德技并修的根本任务，一方面坚持优化顶层设计，强化组织领导和协同推进，通过常态化和阶段性的核心指标监测，深化多元协同、绩效考核、科技创新、阈值识别、目标提升等实践改革。另一方面，完善线上与线下、形成性与终结性、定性与定量等相结合多元质量评价，实践学校评价、企业评价、第三方组织等相结合多方位质量评价，培养“通风、空调、水、暖、电”高技能应用性复合型人才，体现“强施工、精预算、懂设计、会管理、能合作、肯吃苦”字特色，服务学校现代职教社区新形态和国家长三角一体化战略、“一带一路”倡议。

第四章 高职院校创新创业人才培养的准备

目前，创新创业能力已经成为评价一个高职院校质量的重要指标之一。高职院校作为培养技术技能型人才的重要基地，如何有效地培养学生的创新创业能力，提高他们的综合素质，是当前面临的一个重要任务。本章即对高职院校创新创业人才培养准备的相关知识进行简要阐述。

第一节　高职院校创新创业人才知识的准备

创业知识是指与创业相关的各种知识和技能，这些知识不仅能够帮助创业者更好地理解和管理他们的业务，还可以帮助他们更好地应对风险和挑战。在当今竞争激烈的市场环境中，成功的创业者需要具备广博的知识和多样化的技能。他们需要了解市场的趋势和竞争对手的策略，同时也需要掌握最新的技术和创新方法，以保持其竞争优势。因此，对于想要创业的人来说，不断学习和提高自己的知识和技能是非常重要的。

一、高职院校创新创业人才应具备的知识

概括来说，高职院校创新创业人才应具备的知识包括以下几方面（图 4–1）。

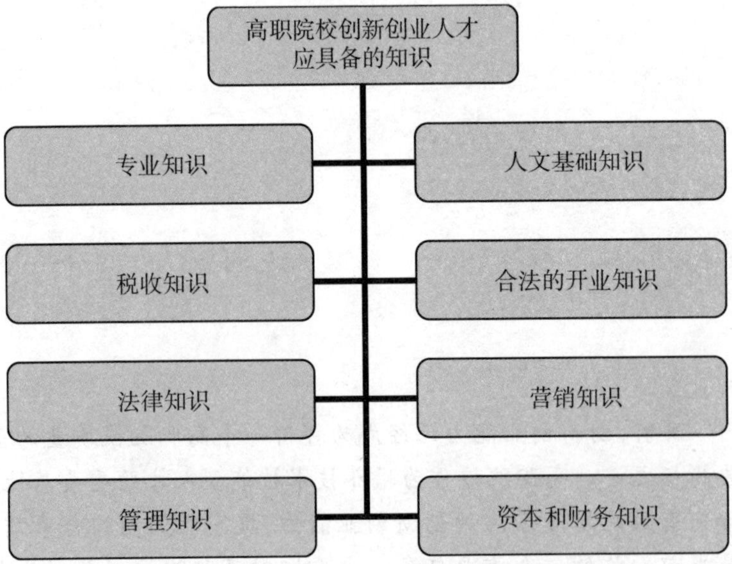

图 4–1　创业者应具备的知识

(一)专业知识

创业者需要做好专业知识的储备,以便在创业过程中更好地运用各种知识和技能,从而更好地把握市场机会,提高创业成功率。

1. 学习创业知识

创业者需要了解各种创业领域的基本知识和技能,如市场调研、商业模式设计、财务管理、人力资源管理等。可以通过阅读创业相关的书籍、期刊、网站等方式,学习创业的基本知识和技能。

2. 掌握必要的技能

创业者需要掌握一些必要的技能,如编程、设计、营销、财务分析等,以提高自己的创业能力。可以通过参加创业课程、实践活动等方式,提高自己的创业能力。

(二)人文基础知识

人文知识的学习和积累对于创业者来说十分重要。创业者需要具备创新思维和实践能力,同时还需要具备强烈的事业心、责任感、战略视野、全局观念和团队合作精神。人文知识的学习和积累可以帮助创业者更好地理解这些方面的素质要求。

(三)税收知识

创业者需要了解一些税收知识,以便在创业过程中合理规划企业的财务和经营活动,减少税务风险和纳税成本。

1. 了解企业所得税法

企业所得税是创业者需要重点关注的税种之一。创业者需要了解企业所得税的计算方法、税率等相关知识,以便在企业经营活动中合理规划收入和支出,减少企业所得税支出。

2. 了解增值税法

增值税是创业者需要缴纳的另一种主要税种。创业者需要了解增值税的计算方法、税率等相关知识,以便在经营活动中正确申报纳税,避免因为税务问题导致的经营风险。

3. 了解个人所得税法

个人所得税是创业者需要重点关注的另一个税种。创业者需要了解个人所得税的计算方法、税率等相关知识,以便在企业经营活动中合理规划员工薪酬和个人所得,减少个人所得税支出。

4. 掌握税务申报技巧

创业者需要了解企业所得税、增值税等税种的申报流程和要求,以便在规定的时间内及时申报纳税,避免因为申报不及时导致的税务问题和罚款。

(四)合法的开业知识

创业者需要了解一些合法的开业知识,避免出现违法违规的情况。具体来说,这些知识主要包括以下几方面。

1. 了解有关私营及合伙企业、有限公司的法律法规

创业者需要了解私营企业的法律法规,如《中华人民共和国私营企业暂行条例》《中华人民共和国合伙企业法》等,以便知道自己的企业属于哪种类型,并在经营过程中遵守相关的法律法规。

2. 了解怎样申请开业登记

创业者需要了解开业登记的程序和要求,如何办理营业执照等相关文件,避开在进行开业登记时可能会出现的问题。

3. 了解怎样进行验资

创业者在设立企业时,需要进行验资,以确保企业的资本充足。创业者需要了解验资的程序和要求,以便进行验资时避开可能出现的问题。

4. 了解税务登记程序

创业者需要了解企业在设立后需要进行的税务登记，包括纳税人识别号的申请、纳税申报等程序，以便在经营过程中依法纳税。

5. 了解哪些行业不允许私营

对于一些特定的行业，如金融、电信、烟草等，是不允许企业私营的。创业者需要了解这些行业的相关法律法规，以便在选择经营项目时避免违法经营。

（五）法律知识

创业者需要了解一些基本的法律知识，避免出现违法违规的情况，主要包括以下几方面。

1. 了解公司法相关知识

创业者需要了解公司法的相关规定，如公司的设立、注册、运营、监管等方面的知识。这有助于创业者建立规范的公司结构和运营模式，保护自身权益。

2. 了解劳动法相关知识

创业者需要了解劳动法的相关规定，如劳动合同的签订、终止和解除等，以及劳动者的权利和义务。这有助于创业者规范用人行为，避免劳动纠纷的发生。

3. 了解合同法相关知识

创业者需要了解合同法的相关规定，如合同的订立、履行、变更、解除等方面的知识。这有助于创业者规范合同行为，避免合同纠纷的发生。

4. 了解知识产权法相关知识

创业者需要了解知识产权法的相关规定，如专利、商标等知识产权的相关知识。这有助于创业者保护自己的知识产权，避免因为知识产权问题导致的经营风险。

5. 了解税法相关知识

创业者需要了解税法的相关规定,如增值税、企业所得税等税种的相关知识。这有助于创业者合理规划企业的财务和经营活动,避免因为税务问题导致的经营风险。

(六)营销知识

创业者需要了解一些营销知识,以便在创业过程中制定有效的营销策略,扩大企业的知名度和市场份额。

1. 了解市场营销基础知识

创业者需要了解市场营销的基础知识,如市场调研、消费者行为分析、品牌建设和促销策略等方面的知识。这有助于创业者制定有针对性的营销策略,提高企业的知名度和市场份额。

2. 掌握网络营销技巧

创业者可以掌握一些网络营销技巧,如社交媒体营销、电子邮件营销和搜索引擎优化等,以便更好地推广企业的产品和服务,吸引更多的客户。

3. 学习市场竞争分析

创业者需要学习市场竞争分析的相关知识,如竞争对手分析、市场份额占有率分析和产品定位分析等方面的知识。这有助于创业者了解市场竞争环境,调整经营策略,提高企业的竞争力。

4. 了解客户关系管理

创业者需要了解客户关系管理的相关知识,如客户服务、满意度管理和客户关系维护等方面的知识。这有助于创业者维护好客户关系,提高客户满意度和忠诚度,促进企业的长期发展。

（七）管理知识

创业者需要了解一些管理知识，以便在创业过程中合理规划企业的运营和管理，提高企业的效率和竞争力。

1. 了解市场营销管理

创业者需要了解市场营销管理的相关知识，如市场调研、产品定位、广告宣传和销售渠道等方面的知识。这有助于创业者制定有效的市场营销策略，扩大企业的影响力和市场份额。

2. 了解人力资源管理

创业者需要了解人力资源管理的相关知识，如招聘、培训、绩效考核和薪酬福利等方面的知识。这有助于创业者建立高效的人力资源管理体系，激励员工，提高企业的员工素质。

3. 了解企业战略管理

创业者需要了解企业战略管理的相关知识，如战略规划、执行和评估等方面的知识。这有助于创业者制定明智的战略，引领企业在市场中取得成功。

4. 了解财务管理

创业者需要了解财务管理的相关知识，如财务报表分析、成本控制、资金筹措和投资决策等方面的知识。这有助于创业者掌握企业的财务状况，提高企业的财务效益。

（八）资本和财务知识

创业者需要了解资本和财务知识，以便在创业过程中合理规划企业的融资和投资活动，提高企业的融资能力和投资回报率。

1. 了解财务报表

创业者需要了解企业的财务报表，如资产负债表、利润表、现金流量表等，以便了解企业的财务状况和经营成果。同时，创业者也需要关注财务报表的真实性和准确性，以避免因财务数据错误导致的经营风险。

2. 了解企业融资方式

创业者需要了解企业融资的方式，如股权融资、债券融资、众筹等，以及各种融资方式的优缺点。这有助于创业者制定多元化的融资策略，满足企业不同的资金需求。

3. 学习财务管理技能

创业者需要学习一些财务管理技能，如制定财务预算、控制成本、优化资产结构等，以便提高企业的财务效益和价值。

4. 关注投资风险

创业者需要关注投资风险，制定风险管理策略，如投资组合、风险分散和风险控制等。这有助于创业者降低投资风险，提高投资回报率。

5. 寻找合适的投资人

创业者可以通过各种途径寻找合适的投资人，如投资基金、风险投资公司、私募股权基金等。在寻找投资人时，创业者需要关注投资人的背景、经验和投资意向，以便选择合适的投资伙伴。

二、高职院校创新创业人才获取创业知识的途径

高职院校创新创业人才获取创业知识的途径有很多，概括来说，主要包括以下几种（图 4-2）。

（一）图书馆

图书馆是高职院校创新创业人才获取创业知识的重要途径之一。图书馆拥有丰富的图书、期刊、论文、报告等文献资源，这些资源可以为创新创业人才提供以下帮助。

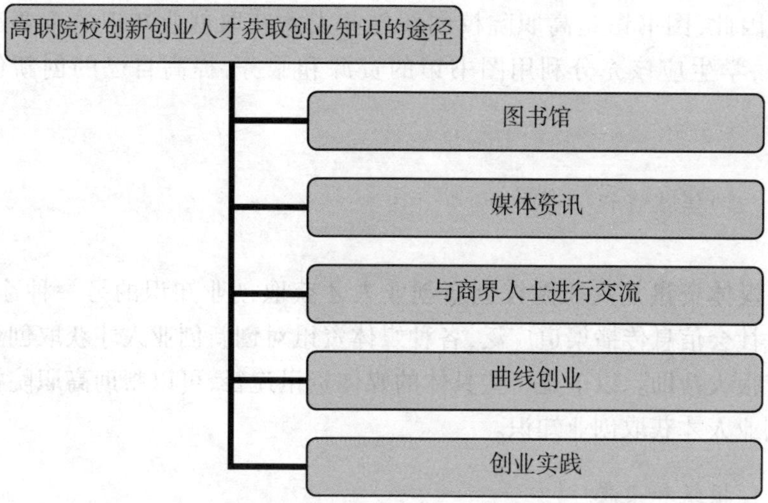

图 4-2　高职院校创新创业人才获取创业知识的途径

1. 提供创新创业方面的文献资源

图书馆收藏有各种创新创业方面的图书、期刊、论文、报告等文献资源，学生可以通过查阅这些文献了解创业的基本知识、市场情况、行业趋势、成功案例等，从而获得创业灵感和策略。

2. 提供创业资讯和服务

图书馆可以通过购买专业的创新创业数据库，如知网、万方等，为学生提供最新的创业资讯和研究报告，还可以提供知识产权查询、创新成果转化等服务。

3. 组织创新创业相关的活动

图书馆可以组织一些与创新创业相关的活动，如创业讲座、创业沙龙、创业实践等，通过邀请成功创业家、投资人等来校分享他们的创业经验和投资理念，让学生更深入地了解创新创业。

4. 提供学习空间和设施

图书馆还提供良好的学习环境和设施，如阅览室、自习室、多媒体教室等，学生可以在这里进行自主学习、研究、交流和讨论，提高自己的创新创业能力。

因此，图书馆是高职院校创新创业人才获取创业知识的重要途径之一，学生应该充分利用图书馆的资源和服务，提高自己的创新创业能力。

（二）媒体资讯

媒体资讯是高职院校创新创业人才获取创业知识的另一种途径。现代社会信息传播渠道广泛，各种媒体资讯对创新创业人才获取创业知识有很大帮助。以下是一些具体的媒体资讯途径，可以帮助高职院校创新创业人才获取创业知识。

1. 报纸和杂志

创新创业人才可以通过阅读各种经济、科技、创业等方面的报纸和杂志，如《中国企业家》《创业邦》等，了解最新的创业资讯、行业趋势和成功案例等。这些报纸和杂志通常会有深度报道和专题文章，可以为创新创业人才提供全面的信息和分析。

2. 网络媒体

创新创业人才可以通过访问各种创业网站获取最新的创业资讯、行业趋势和成功案例等。这些网站通常会有最新的新闻、评论、分析、访谈等内容，可以帮助创新创业人才了解市场动态和行业趋势。

3. 电视和广播

创新创业人才可以通过观看创业类的电视节目或者收听创业类的广播节目，了解创业的过程、经验和故事等。这些节目通常会邀请创业导师、成功企业家等分享他们的经验和观点，可以为创新创业人才提供有益的启示和指导。

4. 社交媒体

创新创业人才可以通过关注创业达人、创业公众号等，获取最新的创业资讯、行业趋势和成功案例等。这些社交媒体平台通常会有大量的信息和观点分享，创新创业人才可以通过筛选和分析，获取对自己有用的信息和知识。

5. 行业协会和组织

行业协会和组织可以通过定期发布行业报告、研究成果等,为创新创业人才提供最新的行业趋势和发展动态。这些报告和成果通常会有深入的分析和研究,可以为创新创业人才提供有价值的参考和指导。

需要注意的是,媒体资讯途径具有信息量大、更新速度快、覆盖面广等优点,但也存在信息真实性和可信度的问题,创新创业人才需要具备信息筛选和鉴别能力,选择可靠的媒体资讯来源,获取有价值的信息。

(三)与商界人士进行交流

商界人士拥有丰富的商业经验和创业知识,通过与他们的交流,学生可以获取到以下帮助。

1. 学习商业运营和创业经验

商界人士通常有丰富的商业运营和创业经验,学生可以通过与他们的交流,学习到商业计划、市场调研、团队建设等商业运营知识,以及创业思路、创业实践、企业管理等创业经验,从而更好地掌握创业的实践技能。

2. 了解商业环境和市场情况

商界人士对市场情况和行业趋势有深入的了解,学生可以通过与他们的交流,了解商业环境和市场情况,了解创业的难点和机遇,从而更好地把握创业方向和投资策略。

3. 获取资源和支持

商界人士通常有丰富的人脉和资源,学生可以通过与他们的交流获取到投资、合作伙伴、客户等资源和支持,为创业提供更多的机会和帮助。

4. 了解行业趋势和发展动态

商界人士对行业趋势和发展动态有深入的了解,学生可以通过与他们的交流,了解行业的发展动态和未来的趋势,从而更好地把握创业方向和策略。

总之,与商界人士进行交流是高职院校创新创业人才获取创业知识的重要途径之一,可以帮助学生更好地了解商业环境和市场情况,学习商业运营和创业经验,获取资源和支持,以及了解行业趋势和发展动态。

(四)曲线创业

对于高职学生来说,由于刚毕业,缺乏各方面的阅历和经验,所以可以采用曲线创业的形式,即先就业,再创业。这种方式可以让他们在实体单位中获得实践经验和知识,从而更好地了解行业和市场需求,以及建立相关的人脉和资源。

当这些学生积累了一定的知识和经验后,他们可以开始寻找与过去工作相关的创业项目。这样可以使他们更容易进入市场,并利用过去的经验和技能。此外,与过去工作相关的项目也可能更容易获得投资和支持,因为投资者和赞助商更愿意支持那些有经验和对行业有深入了解的创业者。

然而,需要注意的是,先就业再创业并不适合所有创业者。有些创业者可能一开始就有很好的创业想法和商业模式,并且可以直接开始实施。此外,就业可能会耗费很多时间和精力,可能会使一些人失去创业的热情和动力。

因此,对于想要创业的高职学生来说,应该根据自己的情况和兴趣来选择最合适的创业路径。如果选择先就业再创业,需要在学习和工作中积极积累相关经验和知识,并时刻关注市场和行业动态,以便在适当的时候开始自己的创业之旅。

(五)创业实践

创业实践是高职学生学习创业知识的最好途径,可以分为直接的创业实践和间接的创业实践。

直接的创业实践是指学生亲身参与创业活动,例如创建自己的企业或参与已有的企业运营。这样的实践可以让学生亲身感受创业的过程,面对和解决各种实际问题,以及学习和掌握创业所需的各项技能。在创业实践中，学生可以通过实际操作，了解企业的运营和管理，掌握市场调研、产品设计和推广、财务管理等方面的技能。

间接的创业实践则是通过观察和了解别人的创业过程，例如学习成功创业者的案例，或者参与创业论坛和交流活动，了解创业者的思考和行动方式。这样的实践可以让学生从别人的经验中学习，了解创业的策略和方法，以及掌握创业所需的非技术性技能，例如团队协作、沟通交流和领导力等。

无论是直接的创业实践还是间接的创业实践，都可以帮助学生深入了解创业的过程和挑战，学习和掌握创业所需的知识和技能，从而更好地准备未来的创业之路。因此，高职学校应该为学生提供多种形式的创业实践机会，例如实习、实践项目或创业竞赛等，以帮助学生积累实践经验，提高他们的创业能力和成功率。

第二节　高职院校创新创业人才能力的准备

一、创新创业能力的概念

创新创业能力是指个体或组织在创新创业过程中所表现出的独特能力和综合素质。创新创业能力通常需要在实践过程中不断培养和提高，需要个体或组织具备敏锐的市场洞察力、创新思维、技术能力和团队合作精神等多种能力。当具备这些能力时，个体或组织能够创造出新的商业机会、产品或服务，实现创新和创业的成功。

二、创新创业能力的特点

创新创业能力的特点主要表现在以下几个方面。

（一）综合性

创新创业能力是一种综合性能力，需要多种能力的综合运用。只有这些能力的综合运用，才能实现创新和创业的成功。

（二）实践性

创新创业能力需要在实践中不断培养和提高，实践是培养创新创业能力的关键，只有在实践中不断尝试和探索，才能提高自己的实践能力，实现创新和创业的成功。

（三）动态性

创新创业能力是一个动态的过程，需要不断学习和更新，不断挑战自己和超越自己。因为市场和需求是不断变化的，只有不断学习和更新，才能适应市场的变化。

（四）风险性

创新创业能力也存在一定的风险，需要在不断尝试和探索中逐步掌握和运用，同时也需要具备一定的风险意识和风险管理能力。只有具备风险意识和风险管理能力，才能应对各种风险，实现创新和创业的成功。

（五）高回报性

若能够成功运用创新创业能力，则可以带来巨大的商业价值和回报，实现个人和组织的成功。创新创业能力的成功运用，可以创造出新的商业机会、产品或服务，从而满足市场需求，实现商业价值和回报。例如，一些成功的创业公司通过开发新的产品或服务，满足了市场的需求，实现了商业成功。同时，这些成功的应用也可以为个人和组织带来巨大的收益和影响力，实现个人和组织的成功。

三、高职院校创新创业人才应具备的能力

高职院校创新创业人才应具备的能力主要包括以下几方面（图4-3）。

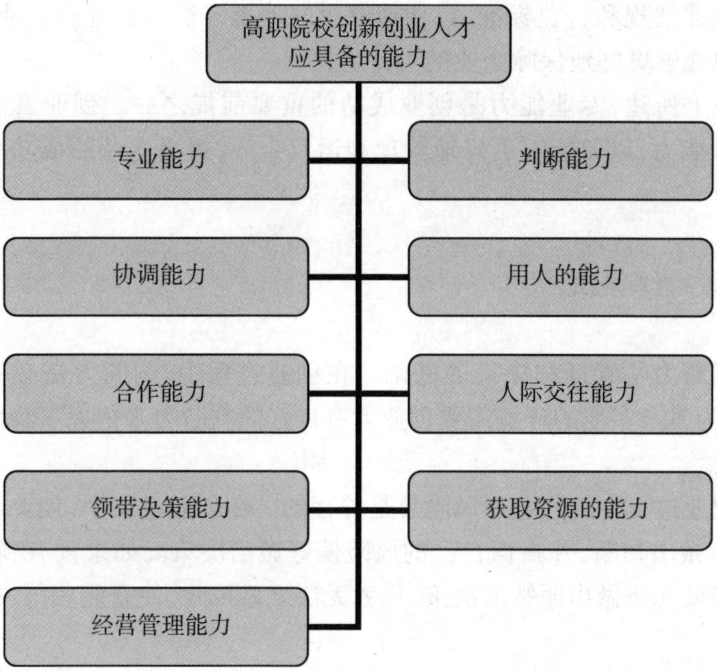

图 4–3　高职院校创新创业人才应具备的能力

（一）专业能力

对于创业者来说，具备专业能力不仅能够提高企业的成功率，也能够更好地管理和运营企业。

首先，创办企业中主要职业岗位的必备从业能力是创业者必须具备的基本能力之一。创业者需要了解自己企业中各个职业岗位的职责和必备技能，以便能够更好地管理和指导员工。例如，在生产制造企业中，创业者需要了解生产、质量、采购、销售等方面的基本知识和技能，以便能够更好地管理企业。

其次，接受和理解与所办企业经营方向有关的新技术的能力也是创业者必须具备的能力之一。随着科技的不断发展，新技术层出不穷，创业者需要具备接受和理解新技术的能力，以便能够更好地运用新技术来提高企业的效率和竞争力。

最后，把环保、质量、能源、安全、经济等知识和法律、法规运用于本行业实际的能力也是创业者必须具备的能力之一。创业者需要了解相关的法律法规和行业标准，以便能够更好地遵守法律法规和行业标准，同时也能够更好地保障企业的可持续发展。

综上所述，专业能力是创业成功的重要前提之一。创业者需要具备专业能力，以便能够更好地管理和运营企业，提高企业的成功率和竞争力。

（二）判断能力

判断力是管理和决策的基础。在创业过程中，判断力是必不可少的，因为复杂多变的环境需要创业者有良好的判断力来把握事物发展的主流。

创业过程中的收益和风险总是并存的。在创业过程中，创业者需要对风险做出判断，并根据自己的风险偏好做出决策。如果没有判断力，创业者就无法做出明智的决策，也就无法规避风险，使企业获得成功。

（三）协调能力

大学生创业过程中需要具备多种协调能力，以便与企业内部、外部的各种人员建立良好的合作关系，推动企业的发展。

1. 沟通协调能力

具备良好的沟通和协调能力，能够与企业内部的各个部门、外部的合作伙伴和客户建立良好的合作关系，推动企业的发展。

2. 团队协作能力

创业过程中，需要组建一个高效的团队来完成各项任务。因此，大学生创业者需要具备团队协作能力，以便带领团队完成目标。

3. 计划与执行能力

能够制定明确的计划和执行方案，并有效地执行计划，以达成企业的目标。

4. 应变能力

面对市场的变化和企业的发展,需要具备灵活的应变能力,及时调整企业的发展方向和策略。

(四)用人的能力

创业者需要具备恰到好处的用人能力,只有能做到人尽其才,才能让企业获得更大的发展。在用人方面,创业者需要注意以下几点。

1. 知人善任

了解每个员工的专长和能力,根据其特长安排合适的工作岗位,使其发挥最大的潜力。

2. 公平公正

对待员工要一视同仁,不能因为他们的地位或资历而有所偏袒,否则会导致员工不满和离职。

3. 培训和发展

为员工提供培训和发展的机会,帮助他们不断提高技能和能力,以适应企业的发展和市场的变化。

4. 绩效评估

建立科学的绩效评估体系,对员工的工作表现进行评估,以便及时发现和解决问题,激励员工,提高工作效率。

5. 激励机制

设计合理的激励机制,如奖励制度、晋升制度等,以激发员工的工作热情和创造力。

6. 团队合作

鼓励员工之间的合作,增强团队凝聚力,提高工作效率。

通过以上措施,创业者可以建立一个高效的用人机制,充分发挥每个员工的长处，提高企业的竞争力，实现企业的长期发展。

（五）合作能力

创业者不仅需要与自己的合作者、雇员等进行合作，还需要与各种与企业发展有关的机构合作，如投资者、政府机构、行业协会等。此外，创业者还需要与同行业的竞争者合作，以获取更多的市场机会和资源。因此，创业者需要具备良好的合作意识和能力，善于与他人合作，共同实现企业的发展目标。

（六）人际交往能力

良好的人际交往能力是创业者必备的能力之一，它可以帮助创业者建立广泛的人脉关系，获取各种有价值的信息，提高决策效率，促进企业的发展。

（七）领导决策能力

创业活动中的每个阶段都需要创业者进行决策。创业项目的选择需要考虑多方面因素，如市场前景、竞争环境、自身优势等；企业产品的定位需要考虑目标受众、产品特点、市场定位等；企业的发展战略需要考虑市场拓展、产品研发、资金运营等；企业的商业模式需要考虑产品销售、客户服务、市场推广等；盈利模式需要考虑产品定价、成本控制、销售渠道等。

（八）获取资源的能力

创业者需要合理利用有限的资源来创业。虽然资源条件是创业能力的重要构成部分，但企业资源是有限的，创业者需要根据实际情况合理规划和利用有限的资源，才能实现创业成功。

创业者在创业初期可能会缺乏一些资源，但这并不意味着他们不能创业。相反，他们可以通过整合并利用现有的资源来创业。创业者可以利用自己的经验、技能、人脉等有限的资源来开展创业活动，寻找市场机会，并不断完善自己的创业能力。

因此，创业者需要具备灵活运用资源的能力，善于发现并利用市场机会，不断提高自己的创业能力和竞争力，才能在激烈的市场竞争中获得成功。

（九）经营管理能力

创业者应具备经营管理能力，这是成功创业的重要条件之一。经营管理能力包括多个方面，如经营战略制定与实施、市场营销、人员管理、财务管理等。成功的创业者不仅需要有开拓创新的精神和勇气，还需要具备经营管理能力，才能够有效地领导企业发展，实现创业成功。

第三节　高职院校创新创业人才素质的准备

在创新创业过程中，人是第一要素，发挥着核心的作用。创新创业的过程艰辛而又漫长，要求拥有强烈的创业精神和良好的心理素质，这些都构成了高职院校创新创业人才的基本素质，也是开展创新创业实践活动所需要积蓄的能量。

一、创业精神

创业精神是创业者各种素质的综合体现，包含了冒险精神、风险意识、效益观念和科学精神等多个方面。它体现了创业者具有开创性的观念、思想和个性，以及积极进取、不惧失败和敢于承担等优秀品质。这些品质和行为模式能够激发人们进行创业实践的欲望，是一种内在的动力机制。

拥有创业精神的人通常具备积极的心态和乐观的态度，能够勇敢面对挑战和困难，不断探索和创新。他们善于发掘市场机会，敢于承担风险，同时也具备团队合作和领导能力，能够有效地实现自己的创业理念。

因此，培养创业精神对于想要进行创业的人来说非常重要。通过培养创业意识、提高心理素质和实践能力等方面的训练，可以帮助人们更好地发掘自身的潜力，实现自我价值，同时也为社会创造更多的就业机会和经济价值。

（一）创业精神的来源

创业精神的形成与发展受到文化环境、产业环境和生存环境等因素的影响。

1. 文化环境

在一个商业文化氛围浓厚的地方，人们更容易接触到商业知识和实践经验，从而培养出创业意识和创业精神。此外，一个地区的社会文化、价值观念等也会影响人们的创业意愿和态度，例如在某些地区，传统观念可能更倾向于稳定的工作和职业发展，而不是冒险创业，这会抑制创业精神的形成。

2. 产业环境

在垄断行业，由于缺少竞争，企业容易陷入安逸状态，缺乏创新和变革的动力，从而抑制创业精神的产生。而在完全竞争的市场结构中，企业间竞争激烈，为了生存和发展，企业必须不断创新和改进，才更有可能形成创业精神。

3. 生存环境

在资源贫瘠、条件恶劣的地区，人们为了改善生存状况，会更加积极地寻求发展机会，整合外界资源，进而催生出创业的念头，使创业精神得以激发。相反，在资源丰富、条件优越的地区，人们可能更容易满足于现状，缺乏创业的动力和勇气。

因此，为了培养创业精神，我们需要积极营造有利于创业的文化环境和社会氛围，鼓励创新和变革，同时也需要创造公平竞争的产业环境和良好的生存环境，为创业者提供更多的机会和支持。

（二）创业精神的特征

概括来说，创业精神的特征主要包括以下几方面（图 4–4）。

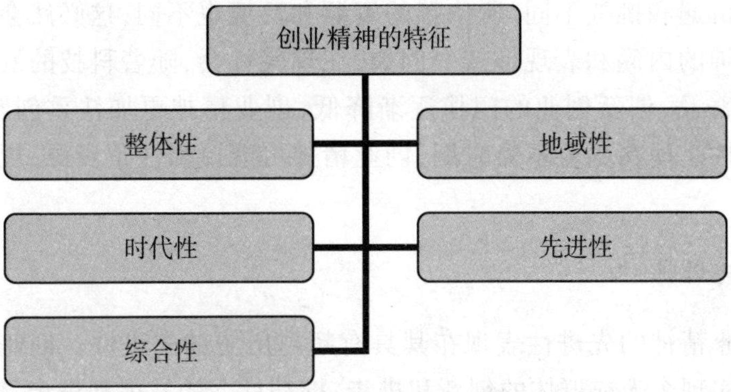

图 4–4 创业精神的特征

1. 整体性

创业精神是一个整体，涵盖了哲学、心理学和行为学等多个层面。在哲学层面，创业精神包括创业者对于创业的观念、价值观和信念等，是对于创业的深层次理解。在心理学层面，创业精神表现为创业者的意志和个性心理，是创业者内在的动力和信念。在行为学层面，创业精神体现在创业者的行为模式和行动方式上，是创业者实践创业的具体行动。这三个层面相互关联、互相影响，缺少其中任何一个方面都无法构成完整的创业精神。

2. 地域性

创业精神的地域性是指不同地区的创业精神和文化背景密切相关。例如，在中国南方的广东省，创业精神带有明显的“务实求真”“开放兼容”等地域特色。广东地区的商业文化和改革开放前沿的地位，使得广东的创业者更加注重实际和效率，开放包容、敢于创新，同时也注重细节和精益求精。这种地域特色与当地的商业环境、历史文化和社会价值观密切相关。

3. 时代性

创业精神的时代性是指不同时代的创业精神受到当时物质生活条件和精神生活条件的影响。在不同的历史时期和社会背景下,创业者面对的机遇和挑战不同,所依赖的资源和环境也不同,这必然会影响到创业精神的内涵和表现形式。例如,在现代社会,随着科技的发展和互联网的普及,创新创业的门槛逐渐降低,创业精神更加注重创新、速度和灵活性。而在工业革命时期,创业精神可能更加注重资源、规模和生产力。

4. 先进性

创业精神的先进性表现在其具有超越历史的先进性。创业精神的目的是实现个人或群体的创新和进步,推动社会的发展和进步。创业者在追求个人价值的同时,也创造了社会价值,这种先进性是创业精神的核心价值。

5. 综合性

创业精神是由多种精神特质综合作用而产生的。例如,创新精神、拼搏精神、进取精神、合作精神等都是创业精神的重要特质。创新精神是创业精神的核心,它推动着创业者不断探索新的领域、创造新的价值。拼搏精神和进取精神则表现为创业者对于事业的不懈追求和不断努力,这种积极向上的态度和精神能够激发创业者的潜力,实现自我价值。合作精神则体现在创业者在团队中相互协作、共同发展的能力,这种精神能够推动创业者打破个人局限,实现团队合作,共同实现创业目标。

综上所述,创业精神的特征是多方面的,涵盖了哲学、心理学和行为学等多个层面,同时也受到地域、时代和社会环境等多种因素的影响。了解和培养创业精神,需要从多个角度入手,全面提升创业者的综合素质和能力。

(三)创业精神的作用

创业精神的具体作用主要表现在以下几个方面。

1. 个人成就的取得

创业精神对于个人如何创建自己的企业起着至关重要的作用。个人需要具备创业精神,包括创新思维、冒险精神、市场洞察力、团队协作能力等,才能够创建并成功运营自己的企业。创业精神鼓励个人追求自我价值,勇于尝试未知,积极面对挑战,从而实现个人成就。

2. 大企业的成长

创业精神对于大企业的成长也至关重要。在大企业中,创业精神可以帮助企业不断创新、适应市场变化、提高竞争力。通过鼓励内部创业、建立创新机制、优化组织结构等方式,大企业可以重新焕发创业精神,创造更高速的成长,从而具有更强的竞争力。

3. 国家的发展

创业精神对于国家的发展同样具有重要作用。国家可以通过实施创新驱动发展战略,鼓励创新创业,提供良好的创业环境,从而激发全社会的创新活力。创业精神可以推动经济社会高质量发展,提高国家竞争力,实现全面建成小康社会的发展目标。同时,创业精神也能够促进社会和谐稳定,增加就业机会,提高人民生活水平。

(四)创业精神的培育

可以通过以下几种途径来培育创业精神(图 4-5)。

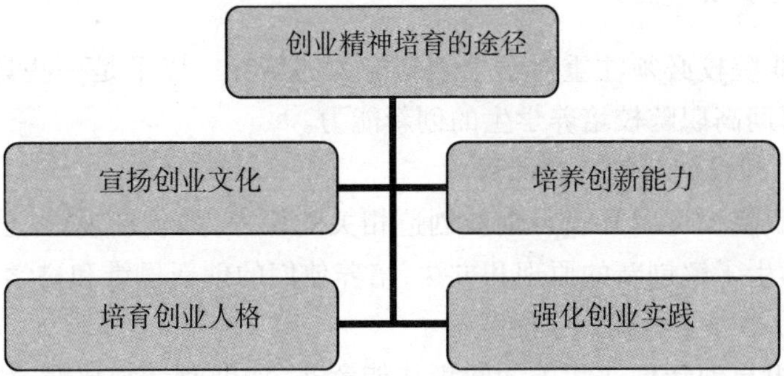

图 4-5　创业精神培育的途径

1. 宣扬创业文化

校园文化对于学生的创业精神培养非常重要。以下是一些具体的建议，以帮助高职院校更好地将创业精神融入学科活动和科技活动中。

（1）举办创业讲座或研讨会

邀请成功的企业家或校友来学校举办讲座或研讨会，分享他们的创业经历和成功经验，让学生了解创业的过程和挑战，增强他们的创业信心。

（2）开设创业课程或专业

在课程设置中增加创业相关的课程或专业，让学生能够系统地学习创业知识和技能，培养他们的创业意识和创业能力。

（3）组织创业实践活动

通过组织创业计划比赛、创业实习、创业社团等活动，让学生有机会亲身参与创业实践活动，培养他们的创业精神和创业能力。

（4）提供创业支持和资源

设立创业基金、创业导师团队等，为有创业想法的学生提供资金和指导支持。同时，提供创业场地、资源和技术支持，帮助学生实现创业梦想。

（5）营造创业文化氛围

通过校园文化活动、校史教育等方式，营造出浓厚的创业文化氛围，让学生感受到学校的创业精神和支持，激发他们的创业热情和创新思维。

2. 培养创新能力

高职院校必须注重对学生创新能力的培养。以下是一些具体的建议，以帮助高职院校培养学生的创新能力。

（1）开设创新创造类课程

高职院校可以开设与创新创造相关的课程，如创新设计、创业实践等，让学生了解创新的原理和方法，培养他们的创新思维和科学精神。

（2）举办主题知识技能竞赛

组织与创新创业相关的知识技能竞赛，如创业计划比赛、科技创新竞赛等，让学生通过实践感受和理解创新的产生和发展过程，激发他们的创新热情和科学精神。

（3）引入创新思维教育

引入创新思维教育的理念和方法，如探究式教学、问题式教学、项目化教学等，引导学生独立思考和尝试，培养他们的创新思维和科学精神。

（4）提供实践机会和支持

为学生提供实践机会和支持，如创业实习、科技项目等，让他们在实践中感受和理解创新，培养他们的实践能力和科学精神。

（5）尊重学生的个性发展

高职院校应该尊重学生的个性发展，为学生提供多样化的课程和活动，让他们可以根据自己的兴趣和特长进行选择，为学生潜能的充分开发营造出一种宽松的氛围。

3. 培育创业人格

人格的教育对于创业能力与创业精神的培养非常重要。以下是一些具体的建议，以帮助高职院校在培养学生创业能力和创业精神的同时，关注学生的人格发展。

第一，提供心理健康教育和辅导。高职院校应该提供心理健康教育和辅导，关注学生的心理健康状况，帮助他们建立健康的心理意识，提高心理素质和心理调节能力。

第二，引导学生树立正确的价值观和人生观。通过思想教育、道德教育等，引导学生树立正确的价值观和人生观，培养他们良好的道德品质和人格特征。

第三，培养坚韧不拔的意志品质和艰苦奋斗的内在精神。通过开设相关课程、组织实践活动等方式，培养学生的意志品质和内在精神，让他们具备坚韧不拔、不畏困难、勇攀高峰的内生动力和品质。

第四，提高承受挫折和解决问题的能力。通过模拟实战、案例分析等方式，培养学生应对挫折的能力和解决问题的能力，让他们具备应对挑战和风险的能力。

4. 强化创业实践

鼓励学生参加创业模拟和社会实践活动对于培养他们的创业精神和创业能力非常有益。以下是一些具体的建议，以帮助高职院校鼓励学生参与这些活动。

（1）举办创业模拟比赛

组织创业模拟比赛，让学生扮演企业家的角色，体验创业的过程。通过模拟实践，学生可以学习如何识别商机、制定商业计划、招募团队等，培养他们的创业思维和创业能力。

（2）设立创业基金和奖励机制

设立创业基金，为学生提供创业资金支持。同时，设立奖励机制，表彰在创业方面取得突出成绩的学生，激励他们继续努力，实现自己的创业梦想。

（五）创业精神对个人生涯发展的影响

创业精神对个人生涯发展的影响主要体现在以下几方面（图 4-6）。

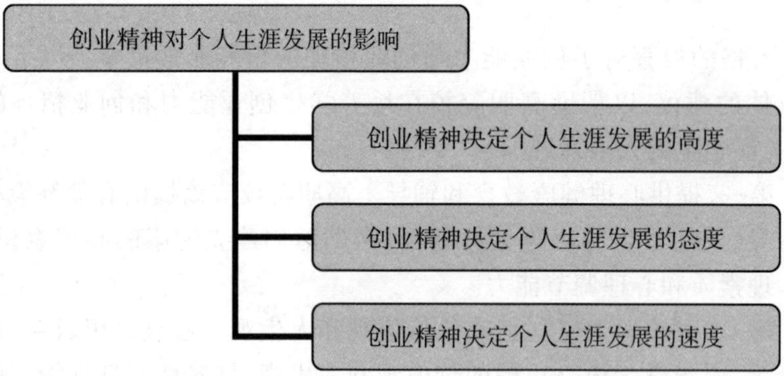

图 4-6　创业精神对个人生涯发展的影响

1. 创业精神决定个人生涯发展的高度

具备创业精神的人在职业生涯中会表现出更高的追求和更优秀的品质。

首先，创业精神决定了一个人在机遇面前的选择。具有创业精神的人会更加敏锐地发现机会，并且有胆识和决心去抓住机会。他们愿意承担风险，同时也具备应对风险的能力。这种对机遇的敏锐性和勇气，使得他们更容易取得成功。

其次，创业精神决定了一个人的生涯目标和事业追求。具备创业精神的人通常会有更高的生涯目标和更远大的追求。他们不会满足于平凡的工作和生活,而是会不断地追求自我成长和事业发展。他们会为自己的目标付出更多的努力,甚至在面对困难和挫折时,也会坚持不懈地追求自己的梦想。

最后,创业精神不仅在事业上会取得更大的成绩,在个人品德和修为上也会达到更高的境界。具备创业精神的人通常会表现出更高的领导力和更优秀的品质,如创新思维、团队协作、责任心等。这些品质不仅在职业生涯中发挥作用,也会在个人生活中发挥重要作用。

2. 创业精神决定个人生涯发展的态度

创业精神作为一种思想观念,对一个人的生涯发展态度具有重要影响。具备创业精神的人通常具有开放性和开创性的思想观念,更容易接受新思想、新事物,从而形成开放的态度,成为事业上的领跑者。

在面对各种社会影响因素和选择时,具备创业精神的人会更加积极、主动和有信心。他们通常会选择挑战自我、追求卓越,而不是安于现状、停滞不前。这种积极的态度使得他们更有可能发现机会、把握机会,从而取得成功。

此外,创业精神也强调创新和创造,具备创业精神的人通常会不断探索、创新,寻找新的商业机会和发展方向。这种创新和创造的能力也使得他们更能够在竞争激烈的市场中脱颖而出,取得更大的成功。

3. 创业精神决定个人生涯发展的速度

创业精神不仅仅适用于创业领域,它同样适用于职场中的每一个人。无论是在企事业单位还是在政府机关,具备创业精神的人都会表现出更高的工作热情和工作效率,他们愿意承担更多的责任和挑战,同时也更加注重团队协作和创新思维。

创业精神对于个人生涯发展具有积极的影响。具备创业精神的人会不断地追求成长和发展,他们会将眼前的工作作为未来事业发展的起点,不断拓展自己的能力和知识面。在这种精神的驱动下,他们更容易取得成功,实现自己的生涯目标。

三、创业心理素质

（一）高职院校创新创业人才应具备的心理素质

1. 独立与合作的创业观念

独立与合作的创业观念是指创业者应该具备的心理品质和行为特征，既要有独立思考、自主行为的能力，又要能够与他人合作，共同实现创业目标。

2. 敢为与克制的创业精神

创业者需要具备敢为和克制两种创业精神。创业者需要在创业过程中，既敢为又善于克制，既要有胆量，又要有头脑，把握好创业的节奏和方向，实现创业目标。

3. 良好的适应性

适应性是创业者成功的关键因素之一。创业者需要不断调整自己的心态和行为，适应市场的变化和环境的变化，保持竞争优势。要具备较强的适应性，创业者需要做到以下几方面。

（1）具有抗压能力

创业过程中，创业者可能会面临各种压力和挑战，如资金不足、市场竞争、技术问题等，需要有强大的心理承受能力和应对能力。

（2）具有坚韧不拔的意志

创业过程中，创业者可能会遭遇到各种困难和挫折，需要有坚韧不拔的意志和毅力，持之以恒地推进企业的发展。

（3）具有适应性强的心理品质

创业者需要具备坚强的意志、乐观的态度、宽容的心态和良好的人际关系，能够适应环境的变化和应对各种挑战。

(二)培养良好创新创业心理的途径

通过心理暗示来培养、通过榜样激励来培养、通过受挫来培养等都是培养良好创新创业心理的重要途径。

1. 通过心理暗示来培养

积极的心理暗示可以帮助人们树立自信心、提高自我调节能力、增强意志力等。在创新创业过程中,积极的心理暗示可以帮助创业者更好地面对挑战、克服困难,从而取得成功。例如,创业者可以在每天早上对自己说一句鼓励的话,或者在遇到困难时默念一些积极的口号,这些都可以起到心理暗示的作用。

2. 通过榜样激励来培养

选择一些成功的企业家或者创新者作为自己的榜样,通过了解他们的成功经历和创业故事,可以激发创新创业者的信心和勇气。例如,可以看一些创业类的电影或者电视剧,或者阅读一些成功企业家的传记,这些都可以起到榜样激励的作用。

3. 通过受挫来培养

在创新创业过程中,遭遇挫折是不可避免的。而通过受挫来培养良好的创新创业心理,可以帮助人们更好地应对挑战和困难。例如,在创业初期,创业者可能会遭遇一些失败和挫折,但是通过这些经历,创业者可以积累经验、提高抗挫能力,从而更好地面对未来的挑战。

第五章 高职院校创新创业人才对创业机会的把握

创业的核心在于发现并利用机会，但并不是所有的想法或创意都能成为有价值的创业机会。创业机会的识别是创业过程中至关重要的一步，它直接决定了创业项目的成功与否。由于创业机会往往处于隐性的状态，因此创业者需要具备敏锐的洞察力和判断力，能够识别并抓住机会。本章即对高职院校创新创业人才对创业机会把握的相关内容进行简要阐述。

第一节 创业机会的内涵

一、创业机会的概念

创业机会，主要是指具有较强吸引力的、较为持久的、有利于创业的商业机会。创业者可以据此为市场提供有价值的产品或服务，并同时获益。

二、创业机会的分类

根据不同的标准，创业机会可以有不同的分类方式。以下是几种常见的创业机会分类方式。

（一）根据行业进行分类

根据行业，可以将创业机会分为消费品机会、产业机会、服务机会等（表5-1）。

表5-1 根据行业对创业机会进行分类

类型	具体阐述
消费品机会	消费品机会是指那些面向个人消费者的产品和服务机会，如个人护理产品、食品饮料、服装饰品等
产业机会	产业机会是指那些面向生产者或供应商的产品和服务机会，如科技、医疗、金融、物流等
服务机会	服务机会是指那些面向服务提供者的产品和服务机会，如在线教育、医疗服务、环保服务等

（二）根据地区进行分类

根据地区，可以将创业机会分为国内机会和国际机会（表5-2）。

表 5-2　根据地区对创业机会进行分类

类型	具体阐述
国内机会	国内机会是指那些在本国市场中存在的机会，如本土化电商、社交媒体、在线支付等
国际机会	国际机会是指那些在全球范围内存在的机会，如跨境电商、国际物流、全球化医疗等

（三）根据阶段进行分类

根据阶段，可以将创业机会分为种子期、初创期、成长期、成熟期和衰退期（表 5-3）。

表 5-3　根据阶段对创业机会进行分类

类型	具体阐述
种子期	种子期的创业机会是指那些刚刚开始发展，需要进一步发展和完善的机会
初创期	初创期的创业机会是指那些处于创业初期，需要进一步发展和完善的机会
成长期	成长期的创业机会是指那些发展速度较快，需要进一步扩大规模和提高市场份额的机会
成熟期	成熟期的创业机会是指那些发展相对成熟，需要稳定发展和提高市场份额的机会
衰退期	衰退期的创业机会是指那些发展速度缓慢，需要逐渐退出市场的机会

（四）根据来源进行分类

根据来源，可以将创业机会分为自发性机会和外源性机会（表 5-4）。

表 5-4　根据来源对创业机会进行分类

类型	具体阐述
自发性机会	自发性机会是指那些在市场中自然产生的机会，如需求的细分、技术的变革、社会的变迁等
外源性机会	外源性机会是指那些通过市场竞争产生的机会，如竞争对手的失误、市场空缺、政策变化等

（五）根据时机进行分类

根据时机，可以将创业机会分为初创期机会、成长期机会、成熟期机会和衰退期机会（表 5–5）。

表 5–5 根据时机对创业机会进行分类

类型	具体阐述
初创期机会	初创期机会是指那些刚刚开始发展的机会，需要迅速抓住市场机遇
成长期机会	成长期机会是指那些发展速度较快的机会，需要进一步扩大市场份额
成熟期机会	成熟期机会是指那些发展相对成熟的机会，需要稳定市场份额
衰退期机会	衰退期机会是指那些发展速度缓慢，需要逐渐退出市场的机会

三、创业机会的特征

创业机会的特征包括以下几个方面（图 5–1）。

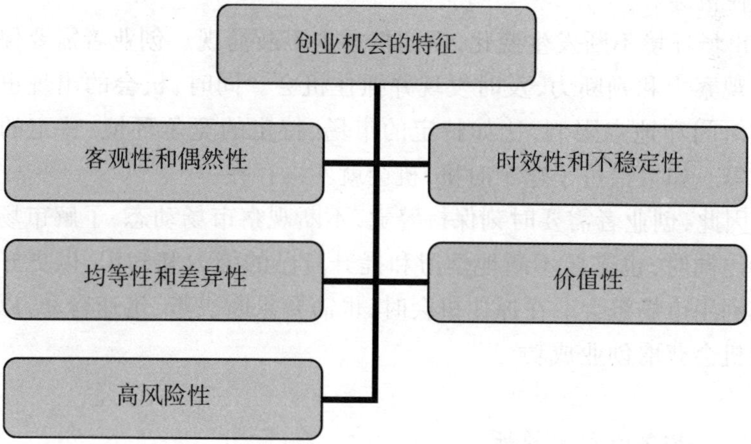

图 5–1 创业机会的特征

（一）客观性和偶然性

创业机会是客观存在的，存在于市场环境之中。但是，并不是每个创业机会都能被成功抓住。成功抓住创业机会需要具备一定的市场敏感性和洞察力,能够发现和识别市场中的潜在机会。

市场敏感性是指对市场变化和趋势的敏锐感知和判断能力。创业者需要对市场变化和趋势有深入的了解和预测,能够及时发现市场中的潜在机会,并采取相应的行动抓住机会。

洞察力是指对市场和消费者的深入了解和洞察能力。创业者需要能够深入了解市场和消费者的需求、行为和心理,从而制定出相应的产品或服务策略,满足市场需求,赢得消费者的认可。

同时,创业机会的出现也存在一定的偶然性,需要创业者有一定的运气和机缘。有时候,机会的出现与市场环境的变化、突发事件等相关,创业者需要及时发现并抓住这些机会。也有时候机会的出现与个人的运气和机缘相关,比如遇到对的人、得到有用的信息等。

(二)时效性和不稳定性

创业机会具有一定的时效性,即机会出现的时间和地点都是有限制的,错过了就不再存在。这也意味着创业者需要时刻关注市场动态,及时抓住机会。

市场环境不断发生变化,新的机会也不断涌现。创业者需要保持敏锐的观察力和判断力,及时发现并抓住机会。同时,机会的出现也有一定的时间和地点限制,比如特定的市场、特定的竞争环境、特定的政策法规等。如果错过了这个时机,机会就不再存在。

因此,创业者需要时刻保持警觉,不断观察市场动态,了解市场变化趋势。同时,也需要不断地学习和提升自己的能力和知识,以更好地识别和利用市场机会。在抓住机会时,也需要果断决策,迅速行动,以充分利用机会获取创业成功。

(三)均等性和差异性

创业机会对于不同的人和企业来说是均等存在的,但是每个人和企业在对市场机会的认识和利用程度上存在差异,这导致了他们能够获利的可能性及大小也有所不同。

首先,市场机会的认识和利用程度受到个人或企业的能力、经验和资源等因素的影响。如果一个人或企业拥有相关的技能、知识和经验，并且具备必要的资源和网络关系，那么他们可能更容易发现和利用市场机会。相反，如果一个人或企业缺乏这些必要的条件，他们可能无法识别或利用市场机会。

其次，市场机会的认识和利用程度还受到市场环境的影响。市场环境包括市场需求、竞争状况、政策法规等多个方面。如果一个人或企业能够准确预测市场需求，掌握市场变化趋势，并且能够制定相应的策略和行动计划，那么他们可能更容易从市场机会中获利。相反，如果市场环境发生变化或存在不确定性，那么获利的机会也会受到影响。

最后，市场机会的认识和利用程度还受到个人或企业的创业精神和执行能力的影响。如果一个人或企业具备创业精神，敢于尝试新的事物和承担风险，那么他们可能更容易发现和利用市场机会。相反，如果一个人或企业缺乏创业精神，过于保守或谨慎，那么他们可能无法充分利用市场机会。

因此，虽然市场机会对于每个人和企业来说是均等存在的，但是由于个人或企业的能力、经验和资源等因素的差异，以及市场环境的不确定性和变化性，导致每个人和企业在对市场机会的认识和利用程度上存在差异，从而能够获利的可能性及大小也会有所差别。

（四）价值性

好的创业机会能够创造价值，满足用户需求，同时也能为创业者带来收益。创业者需要判断一个创业机会是否有价值，是否能够为用户和自己创造价值。

首先，好的创业机会应该是能够满足用户需求的。用户需求是创业机会的基础，没有用户需求，创业机会也就没有存在的意义。创业者需要深入了解市场和用户需求，发现用户痛点和需求，并以此为基础，提供相应的产品或服务。

其次，好的创业机会应该是能够创造价值的。创业机会的价值主要体现在它能够解决用户问题和满足用户需求，从而为用户创造价值。同时，创业机会也能够为创业者本身创造价值，即创业者能够通过实现创业机会获得经济收益和其他收益。

最后，好的创业机会应该是具有可持续性的。创业机会的可持续性指的是该机会具有长期存在和发展的可能性，能够随着市场环境的变化而不断发展和创新。创业者需要判断创业机会的可持续性，考虑该机会在未来市场中的竞争力和发展潜力。

（五）高风险性

创业本身就是一种高风险的活动，创业机会的获取也需要创业者冒一定的风险。创业者需要在机会与风险之间进行权衡，做出明智的决策。他们需要评估创业机会的风险程度，考虑自己能否承受这些风险，并且需要制定相应的风险管理策略，以降低风险对创业机会的影响。

同时，创业者也需要有一定的冒险精神和勇气。创业本身就是一种冒险，需要敢于承担一定的风险。创业者需要对自己的创业梦想和目标有足够的信心和勇气，同时也需要对市场和用户有深入的了解和预测，从而更好地把握市场机会，实现创业成功。

第二节　高职院校学生对创业机会的识别与评价

一、创业机会识别的基本条件

创业机会识别的基本条件包括以下几个方面（图 5-2）。

（一）创业愿望

创业愿望是创业者进行创业活动的内在动力和原始动力，它驱动着创业者去探索和发现创业机会。创业愿望通常源于对现状的不满、对未来的期望以及对自身能力的信心。当创业者有强烈的创业愿望时，他们会更加积极主动地去寻找和识别创业机会，更加有决心和毅力去面对创业的挑战和风险。相反，如果创业者缺乏创业愿望，他们可能会对创业机会视而不见，或者在面对困难时轻易放弃。因此，创业愿望是创业机会识别的前提和基础，是成功的创业不可或缺的动力来源。

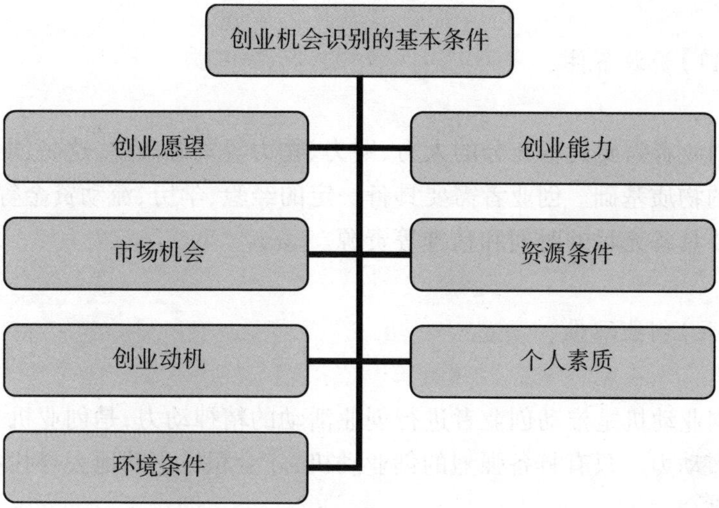

图 5-2　创业机会识别的基本条件

(二)创业能力

创业者需要具备多种创业能力,包括但不限于创新能力、市场洞察力、资源整合能力和风险承受能力等。这些能力是创业机会识别的基础和保障,有助于创业者更好地把握商机、创造价值。

(三)市场机会

创业机会是在市场中存在的,因此,市场机会是创业机会识别的重要前提。创业者需要密切关注市场动态,了解市场需求和趋势,发现市场中的潜在机会,并据此制定相应的商业策略。

为了识别市场机会,创业者需要进行市场调研,了解客户需求和竞品情况。通过分析市场需求和趋势,创业者可以找到未被满足的需求和痛点,进而创造出满足这些需求的产品或服务。此外,了解竞品和行业发展趋势也有助于创业者及时调整策略,抓住市场机会。

在市场中,机会和挑战并存。创业者需要具备敏锐的市场洞察力和风险意识,以便在复杂多变的市场环境中发现机会、应对挑战。同时,创业者还需要具备灵活性和创新性,能够根据市场变化及时调整商业策略,以适应市场的需求和趋势。

（四）资源条件

创业者需要具备充分的人力、财力、物力等资源条件，这是创业机会识别的物质基础。创业者需要具备一定的经验、学历、流动资金等，同时还需要具备充足的时间和精神等资源。

（五）创业动机

创业动机是推动创业者进行创业活动的精神动力，是创业机会识别的内在动力。只有具备强烈的创业动机，才会积极主动地去寻找和识别创业机会。

（六）个人素质

创业者需要具备良好的个人素质，如诚信、勤奋、耐心、毅力等，这是创业机会识别的个人基础。创业者需要具备良好的个人形象和社交技巧，能够与他人建立良好的合作关系，并吸引潜在客户。

（七）环境条件

创业者需要具备适宜的环境条件，如市场空间、政策支持、社会资本等，这是创业机会识别的外部条件。创业者需要关注市场环境、政策环境、社会环境等，以便及时发现和利用各种创业机会。

二、创业机会识别的方法

创业机会识别的方法有很多种，以下列举了几种常见的方法（图5-3）。

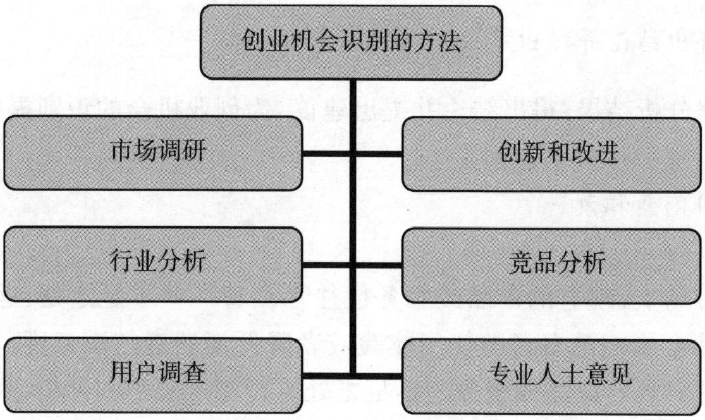

图 5-3 创业机会的识别方法

(一)市场调研

市场调研是创业者识别创业机会的重要方法之一。通过市场调研，创业者可以了解当前市场的需求和趋势，观察消费者的行为和反应，从而发现市场中存在的痛点或需要解决的问题。这些痛点和问题往往蕴含着潜在的商业机会，创业者可以根据这些机会制定相应的商业策略。在市场调研中，创业者需要注意以下几点。

1.确定调研目的和问题

在开始调研之前，创业者需要明确调研的目的和问题，以确保调研的针对性和有效性。

2.选择合适的调研方法

根据调研的目的和问题，选择合适的调研方法，如问卷调查、访谈、观察等。

3.设计调研工具

根据选定的调研方法，设计相应的调研工具，如问卷、访谈提纲等。

4.采集数据并进行分析

通过调研收集数据，并对数据进行清洗、整理和分析，提取有用的信息。

5. 得出结论并提出建议

根据分析结果,得出结论并提出建议,为创业机会的识别提供依据。

(二)创新和改进

在市场上,现有的产品或服务往往存在着一些不足之处,这些不足之处可能会影响消费者的使用体验或者降低消费者的满意度。创业者可以通过对现有产品或服务的不足之处进行深入了解和分析,找到问题的根源,并在此基础上进行创新和改进。

创新和改进可以是产品层面的,也可以是服务层面的。在产品层面,创业者可以通过研发新的技术、设计新的功能或者改变产品的外观等方式来满足消费者的需求。在服务层面,创业者可以通过优化服务流程、提高服务质量或者增加服务种类等方式来提升消费者的体验和满意度。

通过创新和改进,创业者可以创造出独特的价值,使产品或服务更符合消费者的需求,从而提高市场竞争力。同时,这种创新和改进也可以使创业者更好地把握市场趋势和商业机会,为创业活动的成功打下坚实的基础。

(三)行业分析

对所在行业的发展趋势、市场规模、竞争程度等方面进行分析是创业者识别创业机会的重要环节。通过这些分析,创业者可以了解市场的潜力和趋势,判断当前市场中存在的机会和潜在的威胁,从而发现适合自己的创业机会。

(四)竞品分析

对同行业竞品的分析是创业者识别创业机会的重要方法之一。通过分析同行业竞品,创业者可以发现它们的不足之处,进而找到自己的差异化定位,发现市场中存在的机会。

同行业竞品分析主要包括以下几个方面。

第一,竞品产品分析。创业者需要了解竞品的产品特点、功能、价格、销售渠道等方面的信息。通过对竞品产品的分析,创业者可以发现竞品的优势和不足,进而找到自己的差异化定位。

第二,竞品营销策略分析。创业者需要了解竞品的营销策略,包括品牌宣传、广告投放、销售渠道、价格策略等。通过对竞品营销策略的分析,创业者可以了解竞品的营销手段和市场反应,进而找到自己的市场机会。

第三,竞品客户体验分析。创业者需要了解竞品的客户体验,包括客户对竞品的使用感受、售后服务、客户支持等方面的评价。通过对竞品客户体验的分析,创业者可以发现竞品的不足之处,进而找到自己的差异化定位和市场机会。

在进行同行业竞品分析时,创业者需要注意以下几点。

第一,收集充分的信息。创业者需要收集充分的信息,包括公开的报告、用户评论、社交媒体上的讨论等,以确保对竞品有全面、准确的了解。

第二,分析竞品的优缺点。在收集信息的基础上,创业者需要进行深入的分析,找出竞品的优缺点。这有助于创业者找到自己的差异化定位和市场机会。

第三,找到自己的差异化定位。根据对竞品的分析,创业者可以找到自己的差异化定位,即与竞品不同的地方,这可以是产品特点、服务质量、价格策略等方面。

第四,发现市场机会。根据差异化定位,创业者可以发现市场中的机会,即哪些客户需要自己差异化定位的产品或服务。

(五)用户调查

用户调查是创业者发现创业机会的重要手段之一。通过用户调查,创业者可以了解消费者的需求和偏好,发现市场中存在的空白点,为自己的产品或服务创造出新的市场。

用户调查的主要方法包括以下几方面。

第一,访谈。通过面对面的访谈,创业者可以深入了解消费者的需求和偏好,了解他们的购买动机和决策过程。

第二,问卷调查。通过问卷调查,创业者可以大范围地收集消费者的反馈和意见,了解他们的消费行为和态度。

第三,观察。通过观察消费者的行为和反应,创业者可以了解他们的需求和偏好,发现市场中的潜在机会。

通过用户调查,创业者可以获得以下信息。

第一,消费者对产品或服务的需求和偏好。

第二,消费者的购买动机和决策过程。

第三,消费者对产品或服务的反馈和意见。

第四,市场中存在的空白点和发展潜力。

在进行用户调查时,创业者需要注意以下几点。

第一,设计合理的调查问卷或访谈提纲,确保问题能够准确反映消费者的需求和偏好。

第二,选取有代表性的样本,确保调查结果具有普遍性和可靠性。

第三,保护消费者的隐私和隐私,确保调查结果的保密性。

第四,根据调查结果进行分析和总结,发现市场中的机会和潜在的商业价值。

(六)专业人士意见

专业人士包括投资人、产业专家、行业协会等,他们具有丰富的行业经验和专业知识,能够为创业者提供有价值的建议和指导。

寻求专业人士的意见可以帮助创业者了解当前市场中存在的机会和威胁。专业人士往往关注行业动态和市场需求,具有敏锐的市场洞察力和判断力。他们可以提供有关市场趋势、竞争格局、技术发展等方面的信息,帮助创业者更好地了解市场状况。

此外,寻求专业人士的意见还可以为创业者提供策略指导和建议。专业人士具有丰富的经验和成功的案例,他们可以分享自己的经验和教训,帮助创业者制定更明智的决策。在产品研发、市场推广、团队建设等方面,专业人士可以提供专业的指导和建议,帮助创业者更好地实现商业目标。

寻求专业人士的意见并不是一项简单的任务。创业者需要花费时间和精力去寻找合适的专业人士,建立良好的关系,并从他们那里获取有价值的信息和建议。同时,创业者也需要对所获得的信息进行深入分析和思考,结合自身情况和市场需求,做出明智的决策。

三、创业机会的评价

(一)创业机会评价的技巧

常规的市场研究方法不一定对创业机会评价完全适应,特别是对原创性创业机会的评价,初次创业者必须牢记以下关键内容。

1. 问卷调查

进行针对性的问卷调查是一个很好的方法,可以了解目标市场对未来产品和服务的反应。通过问卷调查可以收集到顾客的反馈和意见,从而了解他们对产品或服务的兴趣、需求和期望。

在问卷调查中,可以针对未来的服务或产品提出具体的问题,例如产品的特性、价格、品质、售后服务等,以了解顾客的反应和态度。可以在问卷中设置一些开放性问题,让顾客自由发表意见,这样能够更好地收集到他们的反馈和想法。

通过分析问卷调查的结果,可以了解顾客的需求和偏好,以及他们对产品或服务的接受程度。调查者可以根据这些数据来评估项目的可行性和市场潜力,进一步决定是否要继续推进这个项目。

需要注意的是,问卷调查的结果仅供参考,因为顾客的反馈可能会受到多种因素的影响,例如他们的个人偏好、期望、经验等。因此,在进行决策时,还需要结合其他市场调研和分析方法,综合考虑各种因素,以确保决策的准确性和可行性。

2. 商机评估

商机评估和顾客调查的结果不理想并不意味着这个创业项目完全不可行,但确实需要重新考虑和设计。在这种情况下,创业者需要重新审视市场和竞争环境,并重新思考和调整他们的商业计划。

首先,创业者需要深入了解市场和竞争环境,包括竞争对手的产品和服务、市场份额、定价策略等。他们可以分析竞争对手的成功经验和市场趋势,以了解市场机会和挑战。

其次,创业者需要重新考虑他们的产品或服务设计,以满足顾客的需求和期望。这可能需要对产品或服务进行重新设计和改进,以满足顾客的不同需求。

再次,创业者需要重新制定他们的营销策略和渠道,以更好地吸引和满足顾客。这可能包括重新考虑定价策略、销售渠道、促销活动和品牌宣传等。

最后,如果商业计划需要进行重大调整,创业者需要考虑是否要重新招募团队或者寻找新的合作伙伴,以共同推进这个新的商业计划。

总之,即使商机评估和顾客调查的结果并不理想,创业者也不应该轻易放弃,而应该重新考虑和调整他们的商业计划,以找到一个更加可行的创业机会。

3. 确立目标

在现代市场中,需求决定产品。只有当商品或服务符合市场需求,才能吸引顾客并实现销售,进而获得资金以扩大业务。

为了成功地实现商业目标,创业者需要了解市场需求和顾客偏好,并据此制定相应的商业计划。确定可达到的目标是非常重要的,这可以帮助创业者聚焦和规划他们的业务方向。通过深入了解市场和竞争环境,创业者可以确定具有潜力的市场机会和竞争优势,并制定相应的商业策略来实现他们的目标。

当然,成功实现商业目标需要持续的努力和资源投入。创业者需要不断地改进和优化他们的产品或服务,以满足顾客的需求和期望。同时,他们还需要关注市场变化和竞争动态,并灵活调整商业策略以适应市场变化。

4. 分析对手

了解竞争对手的产品和服务、市场份额、定价策略等,这有助于创业者识别市场机会和挑战,并制定相应的商业策略。

5. 独特创意

了解市场需求和顾客偏好可以帮助创业者确定产品或服务的特点和功能,以满足顾客的需求。同时,了解竞争对手的优势和劣势也可以帮助创业者识别市场机会和挑战,并制定相应的商业策略。

在了解市场需求和竞争对手的情况之后,创业者需要设计出符合市场需求的产品或服务，并与其他竞争对手的产品或服务有所区别。这可以通过一些特色和差异化来实现，例如产品或服务的品质、功能、设计、价格等方面。

此外，创业者需要对行业和市场趋势有所了解，以便及时调整商业策略和产品策略。了解行业趋势和变化可以帮助创业者预测未来市场需求和竞争情况，并做好相应的准备。

6. 求教咨询

与有经验的成功创业者进行交流和沟通是非常有益的，因为他们可以分享他们在创业过程中的经验和教训，为创业者提供宝贵的指导和建议。

成功创业者通常会分享一些实用的建议，例如如何确定商业计划、如何筹集资金、如何招聘和培训员工、如何建立有效的营销策略、如何管理团队等。这些建议可以帮助创业者更好地了解创业的过程和挑战，并做好相应的准备。

此外，成功创业者还可以提供一些重要的指导，例如如何识别市场机会、如何与竞争对手竞争、如何管理风险等。这些指导可以帮助创业者做出更明智的决策，并避免一些常见的错误。

（二）创业机会的主要评价方法

创业机会的主要评价方法包括以下几种。

1. 定性方法

定性方法的评价内容包括以下几方面。

（1）确定成功条件

通过前期调研和分析，确定该创业机会所必须具备的成功条件。这些条件可能包括市场需求、竞争环境、技术发展、资源获取等方面。

（2）分析企业优势

分析本企业在该市场机会上所拥有的优势，包括产品或服务的特性、品牌知名度、销售渠道、客户关系管理等方面。

（3）确定竞争优势

确定公司在创立之后所拥有的竞争优势，并分析这些优势能否持续和扩大。这可能涉及产品或服务的独特性、成本优势、创新能力、组织文化等方面。

（4）与发展方向和目标的一致性

评估该创业机会是否与公司的发展方向和目标一致。这可能涉及产品或服务的定位、市场定位、长期发展计划等方面。

2. 定量方法

在初步拟定营销规划的基础上，从财务上进一步判断选定机会是否符合创业目标，一般从以下几方面进行分析。

（1）盈利能力分析

评估该创业机会的盈利能力，即预计的销售收入和净利润。通过比较预期收益与投资成本，判断该创业机会是否能够实现盈利目标。

（2）现金流分析

预测该创业机会的未来现金流状况，包括预计的现金流入和流出。通过分析现金流情况，判断该创业机会是否能够满足资金需求，并维持足够的现金流水平。

（3）投资回报率分析

计算该创业机会的投资回报率（ROI），评估投资该创业机会的收益与成本之间的关系。通过比较预期 ROI 与目标 ROI，判断该创业机会是否符合投资回报要求。

（4）敏感性分析

分析影响该创业机会的关键因素，如市场需求、销售价格、成本等。通过敏感性分析，评估这些因素对预期收益和现金流的影响，判断该创业机会的财务风险。

（5）风险评估

评估该创业机会可能面临的各种风险，如市场风险、技术风险、竞争风险等。通过风险评估，确定适当的风险管理策略，确保该创业机会的财务安全。

3. 阶段性决策方法

阶段性决策方法是指在不同阶段对创业机会进行评估和决策。在每个阶段，创业者都需要对机会进行全面的分析和评估，以便做出正确的决策。这些评估包括市场需求、竞争环境、技术发展、资源获取等方面。

在创业机会开发的每个阶段,创业者都需要考虑一些预先设置的障碍,例如市场准入、技术实现、资金获取等方面的问题。通过评估这些障碍,创业者可以判断该创业机会是否能顺利实现。

然而,创业者经常面对的约束或限制也会影响他们的决策。这些限制包括创业者的目标回报率、风险偏好、金融资源、个人责任心等方面。这些因素会影响创业者的决策方式和决策结果。

因此,阶段性决策方法要求创业者在创业机会开发的每个阶段都要进行机会评价。通过全面的分析和评估,创业者可以更好地了解创业机会的可行性和潜在风险,从而做出更明智的决策。同时,创业者也需要根据自身的限制和目标,制定适合自己的创业计划,以确保实现创业目标。

第三节　高职院校学生对创业项目的选择

一、创业项目与个人匹配

创业活动是创业者与创业机会的结合。创业者识别和发掘创业机会的能力,以及他们的个性特质和所处的环境,都会对创业机会的可行性产生影响。创业者需要综合考虑自身的个性特质和所处环境,以及所面对的创业机会,做出明智的决策。只有适合创业者的机会才有可能被成功地发掘和实现。

(一)判断创业机会是否适合自己的主要依据

创业者的个人特质,包括他们的技能、经验、兴趣、性格等方面,都会影响到他们对创业机会的识别和发掘。同时,创业机会也会选择那些与其特征相匹配的创业者,这也就是我们常常说的"机遇偏爱有准备的人"。因此,如果你想要判断一个创业机会是否适合自己,你需要考虑这个机会的特征是否与你的个人特质相匹配。只有当两者之间存在恰当的匹配关系时,才能更好地把握机会,同时也更有可能取得成功。

学者们普遍认为，创业者需要具备一些特定的个人特质和能力，例如创新思维、风险承受能力、市场洞察力、领导力和团队合作能力等。同时，创业机会也需要与创业者的个人特质相匹配，例如机会的盈利前景、市场规模、竞争环境、技术可行性等需要与创业者的个人目标、资源、经验和技能相匹配。

（二）个人特质和机会特征匹配理论

个人特质和机会特征匹配理论是一个多学科交叉的理论，涵盖了心理学、社会学、经济学等多个领域。该理论主要关注个人特质与机会特征之间的匹配关系，以解释和预测个体在特定情境下的行为和表现。

根据该理论，个人特质和机会特征的匹配程度对于个体抓住和利用机会，实现自我发展和成长具有重要影响。个人特质包括个人的能力、技能、兴趣、性格、动机等内在因素，而机会特征则包括机会的可获得性、吸引力、适合度等外在因素。

为了更好地理解和应用该理论，我们可以将个人特质和机会特征的匹配关系分为以下三种类型。

互补型匹配：个人特质和机会特征高度匹配，个体能够充分发挥自身优势，抓住机会，实现自我提升和发展。

补充型匹配：个人特质和机会特征部分匹配，个体需要付出较大的努力和资源去适应和利用机会，实现自我提升和发展。

不匹配型匹配：个人特质和机会特征不匹配，个体难以抓住和利用机会，实现自我提升和发展。

在实际应用中，我们可以根据个人特质和机会特征的匹配程度来指导个体的职业选择、创业决策、教育发展等。同时，我们也可以通过教育和培训等手段来提升个体的能力水平和资源获取能力，以增加个人特质与机会特征的匹配程度，促进个体的成长和发展。

二、创业项目选择的过程

创业项目的选择一般需要经过以下几个步骤。

(一)创业环境分析

创业环境对于创业者来说非常重要。创业环境包括许多因素,例如市场、技术、政策、资金、人力资源等。这些因素都会对新创企业的生存和发展产生影响,因此创业者需要对这些因素进行深入的分析和研究。

在选择创业项目之前,创业者需要对市场进行调研,了解市场需求和竞争情况,以便更好地定位产品或服务。同时,创业者还需要了解技术发展趋势,了解自己所处行业的技术现状和未来发展趋势,以便更好地制定技术战略。

此外,政策环境也是影响创业的重要因素之一。政策环境包括政府的法律法规、政策扶持、税收优惠等,创业者需要对这些政策进行了解和分析,以便更好地利用政策资源。

另外,资金和人力资源也是影响创业的重要因素。创业者需要了解融资渠道和资金状况,以便更好地制定融资策略。同时,创业者还需要了解人力资源状况和招聘渠道,以便更好地招聘和培养人才。

(二)创业市场调研

创业市场调研是创业者选择创业项目和制定创业策略的重要环节之一。市场调研可以帮助创业者了解市场需求和竞争情况,制定更加准确和具有针对性的创业策略。以下是一些创业市场调研的建议。

确定市场调研的目标和内容:在开始市场调研之前,创业者需要明确市场调研的目标和内容,例如了解目标市场的需求和消费者行为、了解竞争对手的产品和营销策略等。

收集二手资料:二手资料包括行业报告、市场研究报告、竞争对手分析报告等,这些资料可以帮助创业者更好地了解行业和市场情况。

设计调查问卷或访谈方案:根据市场调研的目标和内容,设计调查问卷或访谈方案,以便收集更加准确和具有针对性的数据。

开展实地调查:通过实地调查,创业者可以更好地了解市场情况,例如消费者对产品或服务的反馈、竞争对手的销售渠道等。

分析数据:根据收集的数据,进行分析和处理,以便得出更加准确和具有针对性的结论。

制定创业策略：根据市场调研的结果，制定更加准确和具有针对性的创业策略，例如定位产品或服务、制定营销策略等。

需要注意的是，市场调研并不是一项一次性的工作，而是需要不断更新和调整。在创业的过程中，市场环境不断变化，创业者需要不断关注市场变化，及时调整创业策略，以适应市场的变化。

（三）创业机会评价

创业机会评价的一个重要部分是创业机会与个人的匹配问题，关于创业机会评价的技巧及方法在本章第二节中有详细阐述，这里不再赘述。

三、选择项目时避免进入创业误区

（一）盲目跟风

盲目跟风是高职学生选择项目时常见的误区之一。一些高职学生可能会看到市场上某些项目很受欢迎，或者听到其他人在谈论某个创业项目，于是就盲目跟随潮流，选择相同的项目。这种做法存在一些风险和问题。

1. 竞争激烈

如果许多人都看中了同一个创业项目，那么该项目的市场竞争可能会变得非常激烈。这意味着新进入者要面对更多的竞争对手，同时也需要更多的创新和差异化来脱颖而出。

2. 缺乏独特性

盲目跟风往往会导致项目缺乏独特性。如果只是跟随别人的步伐，那么项目可能不会引起人们的注意，也难以获得成功。

3. 市场调研不足

盲目跟风可能是由于市场调研不足导致的。在选择创业项目时，高职学生应该进行充分的市场调研，了解市场需求、竞争情况以及消费者偏好。如果只是跟随别人的想法，而没有进行实际市场调研，那么可能会忽略一些重要的信息和问题。

4. 资源浪费

盲目跟风可能会导致资源的浪费。如果你选择的项目与你的个人优势、专业背景或兴趣爱好不相符，那么你可能会浪费时间和资源，最终无法取得成功。

因此，高职学生在选择创业项目时，应该避免盲目跟风，而是根据自己的个人优势和市场需求来选择具有独特性和差异化的项目。同时，还需要进行充分的市场调研和风险评估，制定出切实可行的创业计划和策略，以提高创业项目的成功率。

（二）全民创业

当前我国已经进入全民"创业时代"，经济的快速持续增长为创业者提供了大量的机会。但是，创业市场竞争激烈，创业成功者只是少数。对于高职学生来说，想要在创业市场中取得成功并不容易。面对激烈的社会竞争，很多高职学生想创业，又不敢创业，认为创业难度大、难以成功，因此，放弃创业。

（三）认为资金充足创业就一定成功

认为资金充足创业就一定成功是高职学生选择项目时的一个常见误区。虽然资金对于创业项目的重要性不言而喻，但仅仅依靠资金并不能保证创业的成功。

首先，市场风险是创业过程中不可忽视的因素。即使有充足的资金，但如果市场环境发生变化，或者竞争对手采取了更有力的策略，可能会导致创业项目的失败。因此，除了资金，还需要对市场进行深入调研，了解市场需求和竞争情况，制定出切实可行的市场策略。

其次，创业是一个复杂的过程，需要具备多方面的能力和资源。除了资金，还需要具备创业经验、团队建设能力、技术创新能力和市场推广能力等。如果缺乏这些关键能力，即使有充足的资金，也难以保证创业的成功。

此外，一些高职学生认为创业只要有足够的资金，就可以解决所有问题。然而，实际上，资金的充足并不能解决所有问题，比如创业项目的选择、市场需求的分析、团队的建设等。因此，在选择创业项目时，高职学生需要综合考虑多方面的因素，而不是仅仅依赖资金的充足与否。

（四）不重视合作

在创业过程中，合作是非常重要的。高职学生往往有足够的创业热情和技能，但缺乏社会资源和创业经验。通过与其他人合作，可以弥补这些不足，共同推动创业项目的成功。

首先，与他人合作可以共享资源和经验。高职学生可能没有足够的资金和经验，但可以通过与具有相似兴趣和技能的人合作，共享资源和经验，共同实现创业梦想。

其次，合作可以带来更多的机会和资源。与他人合作，可以建立广泛的社会关系，获得更多的市场信息和商业机会。这可以为创业项目带来更多的资源和支持，促进项目的成功。

然而，一些高职学生往往只想独立创业，不愿意与他人合作。他们认为通过自己的努力和创新，可以独自实现创业项目的成功。但是，在创业市场中，竞争非常激烈，单打独斗往往难以取得成功。

因此，高职学生在选择创业项目时，应该重视合作。可以通过寻找合作伙伴、加入创业社区、参与创业活动等方式，与他人建立联系和合作。在合作中，高职学生可以获得更多的资源和支持，共同推动创业项目的成功。

（五）急于求成

急于求成也是高职学生选择项目时的一个常见误区。一些高职学生可能因为有强烈的创业愿望，希望尽快实现自己的创业梦想，因此可能会选择一些看似会快速成功的项目，而没有充分考虑自身能力和市场需求。

首先,急于求成可能会导致高职学生忽略市场调研和风险评估。他们可能会在没有充分了解市场需求和竞争情况的情况下,盲目地选择一些看起来容易成功的项目。这样,他们可能会忽略一些重要的信息和风险,为项目的失败埋下伏笔。

其次,急于求成可能会影响高职学生的项目执行能力。创业不仅需要好的想法和热情,更需要良好的执行能力和耐心。如果高职学生过于追求快速成功,可能会忽略自身能力的提升和团队的建立,导致在项目执行过程中出现问题。

此外,急于求成可能会让高职学生忽略创业过程中的学习和成长。创业是一个不断学习和成长的过程,需要不断调整策略和提升自身能力。如果高职学生过于追求快速成功,可能会忽略这个重要的学习和成长机会。

因此,高职学生在选择创业项目时,应该避免急于求成的误区。他们应该充分了解市场需求和竞争情况,选择符合自身能力和兴趣的项目,并耐心执行。同时,他们也应该将创业视为一个学习和成长的过程,不断调整策略和提升自身能力,为未来的创业之路打下坚实的基础。

第四节　高职院校学生创业风险的识别与规避

一、创业风险的识别

(一)创业风险的内涵

创业风险是指在企业创业过程中存在的风险,由于创业环境的不确定性、创业机会与创业企业的复杂性,创业者、创业团队与创业投资者的能力与实力的有限性,从而导致创业活动偏离预期目标的可能性。

1. 创业风险的主要类型

从创立企业的功能上,可以将创业风险分为以下几大类。

（1）创业技术风险

创业者在进行技术创新时需要充分考虑技术的可行性和实践性。他们需要对技术的应用场景和市场需求进行深入调研，确保所选技术具有实际应用价值和市场前景。此外，创业者还需要具备强大的技术研发能力和资金支持，以确保技术创新能够成功转化为产品并实现商业化应用。

（2）创业资金风险

创业资金风险主要包括以下几个方面。

①资金不足

创业者在创业初期通常需要投入大量的资金用于市场调研、产品研发、生产线建设等方面，如果创业者没有足够的资金支持，就可能导致创业失败。

②资金链断裂

创业者在创业过程中可能会面临资金链断裂的风险，这是由于市场环境的变化或者其他不可控因素导致资金流动性不足，无法满足企业的日常运营和扩张需求。

③融资风险

创业者在创业初期通常需要进行融资以获得必要的资金支持，然而，融资过程中可能会遇到各种风险，如融资成本过高、融资对象不愿意合作等，这些都可能导致创业失败或无法达到预期目标。

针对创业资金风险，创业者需要制定相应的风险管理策略，如提前规划资金用途、选择合适的融资渠道、建立稳定的资金链等，以降低创业资金风险对创业企业的影响。同时，创业者也需要具备良好的财务管理能力和风险识别能力，及时发现和解决创业过程中的风险问题。

（3）创业市场风险

创业市场风险是指创业者在创业过程中所面临的市场方面的风险，包括市场需求风险、市场竞争风险、市场变化风险等。

市场需求风险是指创业者所创业项目的市场需求量不足，导致创业者无法实现预期的销售收入和利润。市场需求是创业者项目能否成功的重要因素之一，因此创业者需要深入了解市场需求，并根据市场需求的变化及时调整产品和服务策略，以保证项目的顺利实施。

市场竞争风险是指创业者所创业项目面临的竞争压力过大，导致创业者无法实现预期的市场份额和利润。市场竞争是创业者项目能否成功的关键因素之一,因此创业者需要制定有效的竞争策略,以保证自己在市场竞争中的优势地位。

市场变化风险是指创业者所创业项目所处的市场环境发生了变化,导致创业者无法实现预期的经营目标。市场环境的变化是不可预测的,因此创业者需要密切关注市场环境的变化,并制定相应的应对措施,以保证自己的经营策略与市场环境的变化相适应。

(4)创业环境风险

创业环境风险是指创业者在创业过程中所面临的外部环境方面的风险,包括政策风险、经济风险、社会文化风险等。

政策风险是指国家的政策变化对创业者的项目产生影响。创业者需要时刻关注国家政策的变化,及时调整自己的经营策略,以适应国家政策的变化。

经济风险是指创业者的项目受到经济环境的影响,可能导致项目的收入和利润受到影响。创业者需要对经济环境的变化进行深入的分析和预测,以制定相应的应对策略。

社会文化风险是指创业者的项目受到社会文化环境的影响,可能导致项目的文化差异性和市场适应性受到影响。创业者需要了解当地的社会文化环境,并制定相应的应对策略,以适应当地市场的需求。

(5)创业管理风险

创业管理风险是指创业者在创业过程中所面临的管理方面的风险,主要包括以下几方面。

管理制度风险是指创业企业缺乏完善的管理制度,导致企业政令不畅,容易出现风险事件。创业企业需要建立完善的管理制度,以确保企业的正常运转和风险控制。

人力资源管理风险是指创业企业的人员配置不科学,激励机制不合理,工作作风不严谨等问题,导致企业内部消耗巨大、员工流失等问题,给企业带来损失。

营销管理风险是指创业企业的营销策略不合理,营销人员的管理不到位,导致产品滞销,给企业带来损失。创业企业需要制定有效的营销策略,包括市场调研、产品定位、销售渠道选择等方面的措施,以确保产品能够顺利地进入市场,并获得市场认可。

财务风险是指创业企业的财务管理不规范,导致企业面临资金流动性风险、投资风险等问题。创业企业需要建立规范的财务管理制度,包括财务核算、资金管理、融资等方面的措施，以保证企业的财务安全和可持续发展。

2. 创业风险的特点

创业风险的特点包括以下几方面（图 5-4）。

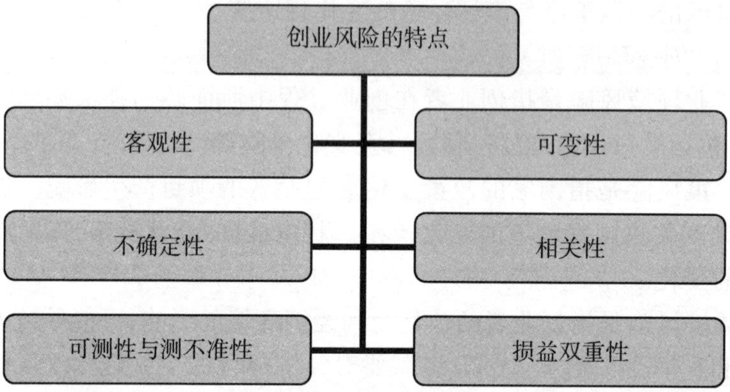

图 5-4 创业风险的特点

（1）客观性

在创业的过程中，风险是客观存在的，是不以人的意志为转移的，所以说，客观性是创业风险的一个显著特点。

（2）可变性

创业风险的可变性是指创业风险在创业过程中是可以发生变化的。创业风险性质的变化是指创业风险在不同的阶段和环节中可能表现出不同的形式和影响，例如技术风险可能表现为技术失败、技术泄露等，财务风险可能表现为资金短缺、财务困境等。风险后果的变化是指创业风险在不同的阶段和环节中可能带来不同的后果和影响，例如市场风险可能导致市场份额减少、利润下降等，法律风险可能导致企业面临法律诉讼、赔偿等风险。出现新的创业风险是指在创业过程中出现了之前没有预料到的新型创业风险，这些风险可能对创业企业产生重大影响，需要创业者及时采取应对措施。

（3）不确定性

创业风险的不确定性是由于多种因素的影响而产生的，这些因素包括但不限于市场需求的变化、竞争压力的增加、技术创新的不断发展、财务状况的波动、人力资源的流失等。这些因素的变化都可能对创业企业带来不同程度的风险和挑战，使其面临着诸如市场风险、技术风险、财务风险、法律风险等多种风险类型。因此，创业者需要在创业过程中密切关注这些因素的变化，并采取相应的风险管理措施，以最大限度地降低创业风险对企业的影响。

（4）相关性

创业风险与创业者的行为和决策密切相关。创业者的决策和行为会影响到企业的创立、运营和管理等各个方面，包括市场定位、产品开发、资源配置、财务管理、人力资源管理等。因此，创业者需要根据自己的创业经验和能力，合理评估创业风险，制定科学的创业计划和风险应对策略。同时，创业者也需要具备快速适应市场变化和创新的能力，及时调整创业策略和方向，以适应市场的需求和变化。

（5）可测性与测不准性

创业风险的可测性是指创业风险可以通过定性或定量的方法对其进行估计。例如，创业产品周期的测不准与产品市场的测不准就是定性和定量方法的典型例子。创业产品周期的测不准指的是创业者难以预测创业产品在市场上的受欢迎程度和生命周期，从而可能导致创业企业在产品研发、市场营销等方面出现偏差和失误。产品市场的测不准则指的是创业者难以准确预测产品在市场上的需求量和竞争情况，从而可能导致创业企业在产品定价、销售策略等方面出现偏差和失误。因此，创业者需要通过科学的风险评估方法和技术，如敏感性分析、情景分析、概率分析等，对创业风险进行定量和定性的分析和预测，以便及时调整创业策略和方向。

（6）损益双重性

创业风险不仅会带来损失，还会带来收益。创业者需要在创业过程中认真评估自己的风险承受能力，合理配置资源，适度承担风险，以获得更多的收益。同时，创业者也需要注意防范和控制风险，制定有效的风险应对策略，以最大限度地减少风险对企业的影响。

（二）创业风险识别的特点

创业风险识别是指在创业过程中，创业者对可能影响创业活动的各种风险进行辨认和鉴别的过程。创业风险识别的目的是帮助创业者制定有效的风险应对策略，以降低创业风险并确保创业活动的成功。创业风险识别具有以下几个特点(图 5-5)。

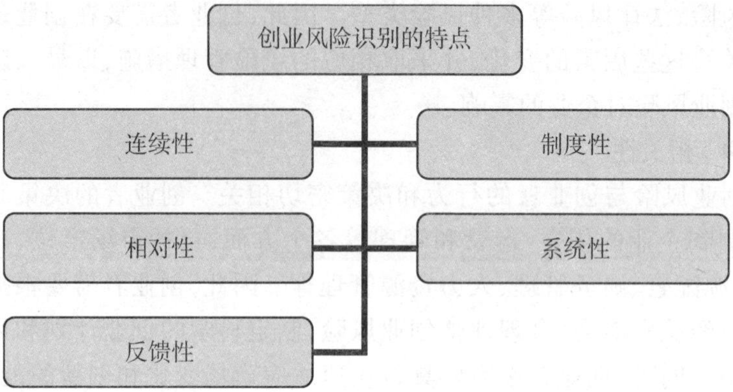

图 5-5　创业风险识别的特点

1. 连续性

创业风险是不断变化的,因此创业者需要不断关注市场变化、技术创新、竞争环境等方面的信息,以便及时识别和应对新出现的创业风险。同时,创业者还需要具备灵活的应变能力,及时调整自己的经营策略和管理策略,以适应市场环境的变化。

2. 制度性

创业风险识别是一个制度化的过程,需要企业建立风险管理制度,明确风险识别的流程和责任人。风险管理制度应该包括风险评估、风险应对、风险监控等方面的内容,以确保创业风险的及时识别和应对。同时,创业风险管理制度还应该明确各部门和员工的风险管理责任,并建立风险管理的监督和反馈机制,以确保风险管理工作的有效实施。

3. 相对性

创业风险识别是一个相对性的过程,需要根据创业者的实际情况和创业环境的变化进行调整。创业者需要不断关注市场环境和竞争环境的变化,及时调整自己的经营策略和管理策略,以适应新的市场和竞争环境。同时,创业者还需要具备灵活的应变能力,根据实际情况和创业环境的变化及时调整自己的风险应对策略,以确保创业活动的成功。

4. 系统性

创业风险识别是一个系统化的过程,需要从多个方面进行考虑。在创业初期,市场需求和竞争情况是影响创业风险的主要因素,因此创业者需要对市场进行深入的调研和分析,了解市场需求和竞争趋势,制定相应的市场营销策略和竞争策略。在创业中期,技术创新和研发能力是影响创业风险的关键因素,因此创业者需要具备一定的技术创新能力和研发能力,不断进行技术创新和产品创新。在创业后期,财务管理和资金链稳定性是影响创业风险的重要因素,因此创业者需要制定合理的财务管理策略,保持资金链的稳定性。同时,人力资源管理也是影响创业风险的关键因素,创业者需要建立健全的人力资源管理制度,吸引和留住优秀的人才,为创业活动提供强有力的支持。

5. 反馈性

创业风险识别是一个反馈性的过程,需要创业者不断地对风险进行识别和评估,及时调整创业策略。创业风险是不断变化的,因此创业者需要不断地对风险进行评估和识别,及时调整自己的风险应对策略,以确保创业活动的成功。

(三)创业风险识别的步骤

创业风险识别是一个系统化的过程,需要从多个方面进行考虑,包括市场、技术、财务、管理和人力资源等方面。以下是创业风险识别的一般步骤(表 5-6)。

表 5-6 创业风险识别的步骤

步骤	具体阐述
确定创业目标和商业模式	创业者需要明确自己的创业目标和商业模式,确定创业方向和市场定位
收集和分析市场信息	创业者需要收集和分析市场信息,包括市场需求、竞争情况、行业趋势等方面的信息,以便对市场和创业环境进行深入的了解

续表

步骤	具体阐述
评估技术可行性	创业者需要评估所使用的技术、工具和流程是否适用于创业环境，以及技术上是否存在风险和挑战
分析财务风险	创业者需要分析企业的财务状况，评估财务风险和稳定性，制定相应的财务管理策略
识别管理风险	创业者需要识别企业的管理风险，包括管理层变动、组织架构调整、员工培训等方面的风险，制定相应的管理策略
评估人力资源风险	创业者需要评估企业的人力资源状况，包括员工素质、招聘、培训、绩效管理等方面的风险，制定相应的人力资源策略
持续监测和调整	创业者需要对创业风险进行持续监测和调整，根据实际情况和创业环境的变化及时调整风险应对策略

（四）创业风险识别的方法

创业风险识别的方法有很多种，常见的有以下几种（表 5–7）。

表 5–7　创业风险识别的方法

创业风险识别的方法	具体阐述
问题识别法	通过问题可以判断大环境和小环境哪里出了问题。比如，技术出现漏洞是否可以用备用的方案
竞品分析法	通过研究竞争对手的产品，可以发现对手的优势和劣势，从而发现我方的优势和劣势。基于此，我们可以制定相应的战略来应对市场
数据分析法	通过数据分析，我们可以掌握更多的一手资料，比如某一段时间的销售数据、某一段时间的客户群体数据等等，然后可以进行相应的数据推算，比如我们可以根据历史销售数据来预估未来的销售数据，从而制定相应的生产计划
专家调查法	通过咨询相关行业的专家，我们可以获得更多的一手资料，比如技术的可行性、财务的健康状况、市场前景等等，从而发现我方的优势和劣势
案例分析法	通过研究已经成功的企业，我们可以发现他们成功的原因，然后可以根据这些成功的经验来制定相应的战略和措施

续表

创业风险识别的方法	具体阐述
故障树分析法	通过分析故障树，可以发现事故发生的原因，从而制定相应的预防措施
SWOT 分析法	通过对企业内部和外部环境的分析，可以发现企业的优势、劣势、机会和威胁，从而制定相应的战略和措施
敏感性分析法	通过分析产品或者服务的敏感性，可以发现产品或者服务存在的问题，从而制定相应的预防措施

以上是常见的创业风险识别的方法，创业者需要根据实际情况选择合适的方法进行风险识别。同时，需要注意的是，风险识别的方法并不是孤立的，而是相互联系和相互影响的，需要综合运用多种方法进行分析和识别。

二、创业风险的规避

风险是一种预示未来可能发生不利情况的趋势。随着收益的增加，风险也会相应地提高。因此，在新企业创立之前，需要努力识别可能存在的风险，并采取有效的策略来规避这些风险，以尽可能降低风险。

（一）创业风险规避的原则

在规避创业风险时需要遵守一定的原则，概括来说，这些原则主要包括以下几方面（图 5-6）。

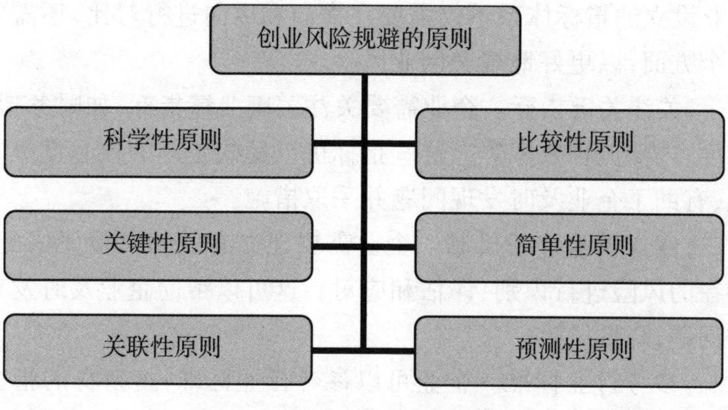

图 5-6 创业风险规避的原则

1. 科学性原则

企业的指标必须能够清晰地衡量和概念化，以确保建立的体系完整和可靠。这样的体系可以帮助企业跟踪和评估其业绩和进展情况，同时也可以向利益相关者展示企业的价值和成就。

要建立一个完整、可靠的指标体系，企业需要考虑以下几个方面。

第一，定义明确的目标。企业需要明确其长期和短期目标，确保所有参与者都清楚企业的方向和目标。这有助于确保所有指标都能够支持这些目标的实现。

第二，选取适当的指标。为了衡量企业的业绩，需要选择适合的指标。这些指标应该能够反映企业的关键业绩领域，如财务、客户满意度、内部流程效率等。

第三，设定具体的阈值和目标值。企业需要为每个指标设定具体的阈值和目标值。阈值可以是某个特定的数值，超过或低于该数值时需要采取行动。目标值则是企业希望达到的最佳数值。

第四，确保数据的准确性和可靠性。为了确保指标的准确性和可靠性，企业需要确保其数据来源可靠，并且数据采集和处理过程是规范和透明的。

第五，定期评估和修正。企业需要定期评估其指标体系的有效性，并根据实际情况进行修正。这可以帮助企业确保其指标体系始终与企业的目标和战略保持一致。

2. 比较性原则

企业设立的指标体系不仅需要在横向和纵向进行对比，还需要注重以下几个方面，以更好地规避创业风险。

第一，关注关键指标。企业需要关注关键业绩指标，如财务指标、客户满意度、内部流程效率等。这些指标可以反映企业的核心竞争力和运营状况，有助于企业及时发现问题并采取措施。

第二，建立风险评估机制。企业需要建立有效的风险评估机制，对可能存在的风险进行识别、评估和应对。这可以帮助企业及时发现并解决潜在问题，降低风险。

第三，参考行业标准。企业可以参考行业标准，将自身的指标与同行业企业进行比较，从而发现自身的优势和劣势。这有助于企业了解市场状况和竞争环境，为制定更加有效的战略提供参考。

第四，持续改进和优化。企业需要不断改进和优化其指标体系，根据市场变化和企业发展状况进行调整。这可以帮助企业及时适应市场变化，提高指标体系的准确性和可靠性。

3. 关键性原则

企业设立的指标在风险规避上确实可以起到关键性作用，因为通过指标的监测和分析，企业能够发现潜在的风险因素，并及时采取措施进行防范和应对。同时，指标也能够体现出风险的特殊性和差异性，使企业更加准确地评估和管理风险。

4. 简单性原则

企业设立的指标的确需要进行定量计算，以确保数据的准确性和可比性。同时，计算过程需要简单易懂，以便于各方理解和应用。此外，为了结果的可靠性和可信度，企业需要采取适当的措施来确保数据的准确性和完整性。

5. 关联性原则

企业所设立的指标体系应该能够全面、系统地体现风险规避的具体内容，并且指标之间是相互关联的，形成一个有机的整体。这样，企业可以通过指标体系对风险进行全面、系统的评估和管理，确保企业能够及时发现并应对潜在的风险。

6. 预测性原则

企业设立的指标体系不仅能够体现风险规避的具体内容，还能够反映出创业资源以及生产经营等风险的未来趋势。通过追踪和分析这些指标，企业可以寻找到有效的风险规避方法，为未来的发展和运营提供有价值的指导。

（二）创业风险规避的方法

创业风险规避的方法主要包括以下几方面（图 5–7）。

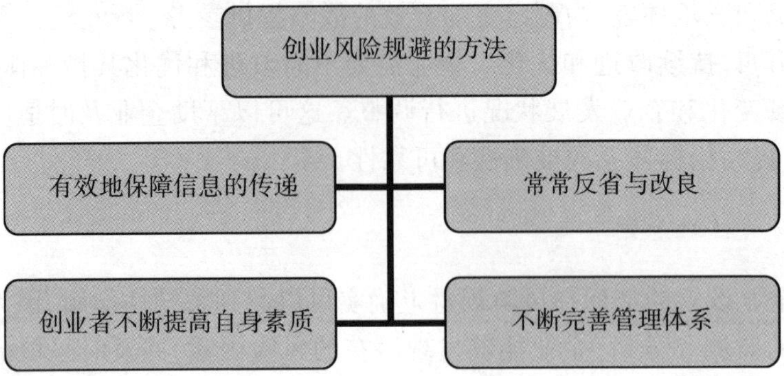

图 5-7　创业风险规避的方法

1. 有效地保障信息的传递

保障信息的有效传递对于企业来说非常重要。企业需要从制度、技术、人员等多个方面来保障信息的传递效率和安全性，以减少因信息沟通不畅或安全问题而导致的风险。

（1）建立明确的信息传递通道

企业应该明确各种信息的传递方式和通道，例如电子邮件、内部通讯、即时消息工具等。这样可以使信息传递更加有序和高效。

（2）确保信息的准确性和完整性

在传递信息时，要确保信息的准确性和完整性。这可以通过采用一些技术手段，如数据加密、数字签名等来保障。

（3）定期备份和更新信息

企业的信息是不断变化的，因此需要定期备份和更新。这样可以避免信息丢失或过时所带来的风险。

（4）培训员工进行安全信息传递

员工是信息传递的重要环节，企业应该培训员工如何安全地传递信息，例如不应在公共场合谈论敏感信息，应使用强密码等。

（5）建立应急响应机制

在发生信息泄露或其他安全问题时，企业应建立应急响应机制，及时采取措施，减少损失。

2. 常常反省与改良

回顾和分析过去的风险事件对于企业来说非常重要。通过记录和回顾风险事件，企业可以了解哪些因素导致了风险的发生，并从中吸取教训。这有助于企业识别潜在的风险，并采取预防措施来避免类似事件的再次发生。在回顾风险事件时，企业应该重点关注以下几个方面。

（1）风险事件的类型和原因

企业需要了解不同类型的风险事件，并分析它们的原因。这有助于企业识别出潜在的风险，并采取针对性的措施来预防和应对。

（2）应对措施的效果

企业需要评估所采取的应对措施的效果，包括措施的及时性、有效性和可持续性。这有助于企业改进应对策略，提高应对风险的能力。

（3）组织和人员的因素

企业需要关注组织和人员因素在风险事件中的作用，例如管理流程、员工培训、团队合作等。这有助于企业识别出组织和人员方面的缺陷，并提出改进措施。

（4）应对策略的优化

根据回顾和分析的结果，企业需要优化应对策略，包括制定更加科学的风险评估方法、建立更加有效的风险应对机制、完善风险管理制度等。

3. 创业者不断提高自身素质

（1）具备市场的相关知识

市场问题是每个创业者都必须面对的现实。虽然不一定要求创业者具备解决所有市场难题的能力，但了解市场情况是非常重要的。创业者可以通过以下途径获取市场知识。

①请教专家

创业者可以寻求专家的建议和指导，例如市场研究人员、营销专家或行业顾问等。这些专业人士可以提供有关市场趋势、竞争对手和消费者需求等方面的深入分析，帮助创业者更好地了解市场情况。

②询问专业公司

创业者可以与专业市场研究公司、营销公司或其他相关企业进行沟通。这些公司通常拥有丰富的市场经验和专业知识，能够提供有关市场调研、竞争分析和品牌策略等方面的建议。

③自学和观察

创业者可以通过阅读行业报告、市场研究报告和公开数据等，了解市场情况和趋势。此外，观察竞争对手的行动、参与行业活动和组织以及与潜在客户交流，也可以帮助创业者了解市场动态。

（2）具备组织与判断能力

组织能力是创业者必备的一项重要技能。它涉及建立有效的指挥体系，保证企业各部门或各环节的高效运转，以及保证各项工作的顺利开展。

在建立有效的指挥体系方面，创业者需要能够合理地分配任务和职责，明确每个员工的角色和责任。他们需要建立一个能够快速响应问题和机遇的决策体系，并确保所有人都能理解和遵循这个体系。这需要创业者具备良好的沟通、协调和管理能力。

在判断能力方面，创业者需要具备批判性思维和独立见解，能够分辨出有用的信息和虚假的信息。这需要他们理解市场和竞争环境，掌握相关的商业知识和技能，并能够运用这些知识和技能进行决策。

（3）具备管理的相关知识

创业者需要掌握基本的企业管理知识，包括整个企业的管理流程，以避免管理过程中可能会出现的风险。

①明确目标和价值观

创业者需要清晰地定义企业的目标和价值观，确保所有员工都能理解和遵循这些目标和价值观。这有助于形成一个共同的愿景和使命，激发员工的工作热情和动力。

②建立有效的沟通渠道

创业者需要建立有效的沟通渠道，确保所有员工都能及时获取信息和反馈。这有助于提高工作效率，减少信息误解和沟通障碍。

③制定计划和预算

创业者需要制定具体的计划和预算，以确保企业的运营和支出都在预期之内。这有助于避免财务风险，确保企业的稳定发展。

④建立团队和授权

创业者需要建立一支高效的团队，并授权给他们，以激发他们的创造力和责任感。这有助于提高员工的工作效率和满意度，促进企业的长期发展。

⑤风险管理

创业者需要具备风险管理的意识和方法，及时发现和应对潜在的风险。这有助于避免企业面临突发事件和危机，确保企业的持续稳定发展。

（4）具备创新与沟通能力

创业者需要不断学习和创新，以保持企业的竞争力和活力。同时，他们也需要具备良好的沟通能力，以协调好各种人际关系，创造友好的合作氛围。通过这些努力，创业者可以为企业创造更多的机会和收益，使企业在市场竞争中立于不败之地。

4. 不断完善管理体系

企业的管理是指对企业的生产经营活动进行计划、组织、指挥、协调和控制等一系列职能的总称。在创业过程中，创业者需要根据自己的企业情况和目标，建立一套适合自己的管理体系，从而提高企业的效率和竞争力，降低经营风险。

虽然每个成功的企业都有其独特的管理体制，但创业者并不需要完全复制其他成功企业的管理模式。相反，创业者应该根据自己的实际情况和需求，借鉴和吸收其他企业的管理经验，完善自己现有的管理体系，提高企业的管理水平和效率。

第六章 高职院校创新创业人才培养的实践探索

高职院校在培养学生职业技能的同时，也在不断尝试将创新创业教育融入人才培养的全过程。然而，创新创业人才培养并不是简单的技能传授，而是需要为学生打造一个全方位、多维度的教育环境，激发学生的创新思维，培养他们的创业能力。本章即对高职院校创新创业人才培养的实践进行研究，让学生在理论学习和实践操作中，逐步形成创新思维和创业能力。

第一节　创业团队的组建与管理

一、创业团队的内涵

（一）创业团队的概念

创业团队是指在创业初期，由两个或两个以上的技能互补、贡献互补的创业者组成的特殊群体。这个群体在一个共同认可的、能使彼此担负责任的程序规范下，为达成高品质的创业结果而共同努力，相互协作，共同担当。

创业团队使各成员联合起来，在行为上形成彼此影响的交互作用、在心理上意识到其他成员的存在及彼此相互归属的感受和工作精神。团队的存在和发展以一定的目标为方向，团队的组成和运行以成员相互依存、协同动作、相互负责的心理关系为基础。创业团队比一般的团队更强调合作和协同，因为创业团队的目标通常更加远大和复杂，需要众人协力才能达成。

（二）创业团队的发展过程

创业团队的发展过程一般可以分为以下几个阶段（表 6-1）。

表 6-1　创业团队的发展过程

创业团队的发展过程	具体阐述
创业计划阶段	创业团队需要想清楚自己要做的项目，将想法变为一个切实可行的操作书，完成最初的项目定型。这个阶段需要包括最初的调研
合伙人阶段	找到志同道合的合伙人，对项目有共同的愿景，且个人能力符合项目需要，完成核心合伙人搭建

续表

创业团队的发展过程	具体阐述
招募阶段	招到最基础的一批员工来组建公司的雏形。这个阶段人员不在多,而在综合能力强和比较全面
扩张阶段	当团队有了一定的规模后,就需要思考下一步的发展,这时候需要开始考虑业务扩张、人员扩张、技术扩张等方面的问题
成熟阶段	当创业团队发展到一定阶段后,需要考虑如何将企业做大做强,这时候需要考虑企业的战略规划、市场营销、公关等方面的问题
突破阶段	当企业发展到一定阶段后,需要考虑如何实现跨越式发展,这时候需要考虑企业的国际化、品牌建设、资本运作等方面的问题

(三)创业团队的社会责任

具体来说,创业团队的社会责任主要包括以下几方面。

1. 遵守市场规则

遵守市场规则是新创企业和其他企业在经营和竞争过程中必须遵守的基本规则。这包括遵守商业道德、反垄断法、知识产权保护、劳动法等相关法律法规,确保企业在合法、合规的情况下开展业务,维护公平竞争的市场秩序,为消费者提供安全、可靠的产品和服务。

2. 合法经营

创办新企业的最基本的社会责任就是合法经营,尽可能为社会创造更多的财富,为国家上缴更多的税费。诚实纳税是每个企业家的责任和义务,是一个企业家道德水平的重要体现。只有依法经营、诚实纳税,才能够赢得社会的尊重和信任,同时也是企业家应尽的社会责任。

3. 保护环境

保护环境是创业团队在经营和竞争过程中必须遵守的基本规则。创业团队应该采取一切必要措施,减少污染物排放、保护生态环境,降低能源消耗,推广可再生能源,提高资源利用效率,为社会创造更多的环境价值。同时,创业团队还应该尊重自然、保护自然,推动绿色发展,建立可持续的生产和消费模式,为人类和自然环境的和谐发展做出贡献。

4. 珍惜员工生命

创业团队应该把员工的生命安全和健康放在首位,采取一切必要的措施,确保员工在工作中得到足够的保护和支持。这包括提供安全的工作环境和必要的防护设备,开展安全培训和教育,建立健全的安全管理制度等。

同时,创业团队还应该尊重员工的生命权利和人格尊严,不侵犯员工的合法权益。这包括不进行任何形式的暴力、虐待、歧视等行为,保障员工的合法权益和福利待遇,营造一个公正、和谐的工作氛围。

此外,创业团队还应该激发员工的工作热情和创造力,推动企业的发展。这包括提供良好的工作环境和激励机制,鼓励员工积极参与企业的决策和管理,支持员工的个人发展和创新,营造一个充满活力和创新的工作氛围。

(四)创业团队的意义

创业团队的意义主要包括以下几方面。

1. 能够整合多方资源,实现可持续发展

创业团队可以集合多方资源,包括资金、人才、技术、市场、政策等方面的资源,从而实现创业目标和愿景。同时,创业团队也可以学习和吸收不同的资源和经验,从而提高整个团队的能力和素质,实现可持续发展。

2. 能够做到同舟共济,共担创业风险与责任

创业团队是一个共同的创业目标和愿景,成员之间相互信任、相互支持、相互合作,可以共同应对创业过程中的挑战和困难。

在创业团队中,成员之间可以互相学习和借鉴,共同提高能力和素质,从而更好地应对市场变化和竞争压力。

创业团队也可以规避单个创业者可能面临的风险和不确定性,例如

市场风险、技术风险、管理风险等。创业团队可以通过团队的力量来应对这些风险和挑战,从而增强创业的稳定性和可持续性。

3. 可以实现个人无法完成的创业目标

创业团队通过集体的智慧和力量,可以共同制定创业计划、分工协作、解决问题、推动创新和创造价值。创业团队中的成员可以发挥各自的优势,相互支持和帮助,共同实现创业目标。同时,创业团队也可以分享知识和经验,共同学习和成长,从而提高整个团队的能力和素质。

4. 可以实现多元知识技能,实现专业化分工

一个成功的创业团队需要具备各种技能和经验的成员,例如技术、市场、财务、运营等方面的专业人士,以及具有创意、创新思维和商业洞察力的领导者。这些成员可以形成互补,发挥各自的长处和优势,共同推动创业公司的成功。

此外,创业团队成员之间的互补还可以带来更好的创意和创新,因为他们具有不同的背景和经验,可以从不同的角度看待问题,提出不同的创意和解决方案。这种互补性可以促进创业团队的创造力和创新能力,从而推动新创企业的成长和发展。

(五)成功创业团队的特征

成功创业团队的特征包括以下几方面。

1. 具有互补的技能

创业团队成员应该具备不同的技能和经验,这样可以形成互补,帮助团队成员更好地协作和解决问题。具备不同技能和经验的成员可以提供不同的视角和方法,帮助团队成员更好地思考和解决问题,从而促进团队的创新和创造力。同时,不同的技能和经验也可以使团队具有更多的多样性和包容性,减少不同意见和决策的风险,提高团队的效率和稳定性。

2. 具有一致的目标

成功的创业团队应该有一个共同的目标,这个目标应该是清晰、具体和可实现的。一个清晰的目标可以帮助团队成员更好地理解和聚焦于团队的工作,同时也可以激发他们的热情和动力,使他们更加专注于实现这个目标。一个具体的目标可以帮助团队成员更好地了解自己需要完成的任务和责任,从而更加有效地工作。一个可实现的目标可以让团队成员感受到成功的希望和信心,从而更加积极地投入到工作中。因此,一个共同的目标、清晰具体的目标和可实现的目标是成功创业团队的重要特征之一。

3. 具有开放的心态

创业团队成员应该具备开放的心态,愿意接受新的想法和创意,并能够包容不同的意见和观点。开放的心态可以让团队成员更加愿意尝试新的事物和思想,从而激发他们的创造力和创新能力。同时,包容不同的意见和观点可以促进团队的多元化和创新性,使团队更加具有活力和创造力。因此,创业团队成员应该具备开放的心态,愿意接受新的想法和创意,并能够包容不同的意见和观点。

4. 具有团队精神

团队精神可以激发团队成员的工作热情和创造力,增强团队的凝聚力和向心力,从而更加有效地完成任务和实现目标。同时,团队精神也可以帮助团队成员更好地沟通和协作,建立起良好的团队文化和工作氛围,从而提高团队的效率和成功率。因此,成功的创业团队应该具备团队精神,能够相互支持和帮助,共同完成任务和目标。

5. 具有良好的沟通能力

创业团队成员应该具备良好的沟通能力,能够清晰地表达自己的想法和意见,并能够有效地与其他团队成员沟通和协作。良好的沟通能力可以帮助团队成员更好地理解和分享信息和想法,增强团队的凝聚力和协作效率。同时,有效的沟通和协作也可以帮助团队更好地解决问题和克服困难,实现共同的目标。因此,创业团队成员应该具备良好的沟通能力,能够清晰地表达自己的想法和意见,并能够有效地与其他团队成员沟通和协作。

6. 具有勇于冒险的精神

创业团队成员应该具备坚韧不拔的精神和勇气，能够勇敢面对挑战和风险，从失败中吸取经验和教训，不断成长和进步。同时，不怕失败也可以让团队成员更加勇敢和自信，敢于尝试新的事物，挑战自己的能力和极限，从而推动团队不断前进。因此，成功的创业团队应该勇于冒险和尝试新的事物，不怕失败，能够从失败中学习和成长。

7. 不断追求卓越

追求卓越可以让团队成员更加专注于自己的工作，不断提高自己的能力和水平，从而实现更高的目标。同时，不断提高自己和团队的水平也可以让团队不断进步和发展，为实现更高的目标不懈努力。因此，成功的创业团队应该追求卓越，不断努力提高自己和团队的水平，以实现更高的目标。

二、创业团队的组建

(一)组建创业团队的步骤

组建创业团队的步骤如表 6-2 所示。

表 6-2　组建创业团队的步骤

组建创业团队的步骤	具体阐述
制定创业策略和目标	创业者需要明确创业的目标和愿景，制定创业策略和计划，包括创业方向、市场调研、竞争分析、商业模式设计等方面。这些步骤是创业成功的关键步骤，可以帮助创业者更好地了解市场和消费者需求，制定适合的商业模式和策略，从而更好地推动创业项目的发展
招募合伙人	创始合伙人是创业团队的核心成员，他们将共同致力于创业项目的发展，制定创业策略和计划，并领导团队推动项目的实施

续表

组建创业团队的步骤	具体阐述
组建团队核心骨干	创业者需要以创业策略和目标为基础,招募团队核心骨干,包括技术、市场、运营、财务等方面的人才。创始合伙人和核心骨干成员将共同制定创业策略和计划,并领导团队推动项目的实施
建立管理和培训体系	创业者需要建立完善的管理和培训体系,对团队成员进行岗位培训和职业培训,提高团队的整体素质和能力
打造好团队	创业者需要逐步建立完善团队的制度、流程、标准、机制、文化等,打造出一支具有高度凝聚力和执行力的创业团队
制定制度和流程	创业者需要制定完善的制度和流程,规范团队的管理和运营,确保创业团队的稳定和发展
管理风险和变化	创业团队面临着各种风险和变化,创业者需要具备应对风险和变化的能力,及时调整和应对团队面临的挑战和变化

(二)组建优秀创业团队的要点

组建优秀创业团队的要点包括以下几方面。

1. 相互信任

信任是建立在相互理解和尊重的基础上,而不是基于表面上的相似或共同点。高职学生创业团队需要建立在相互信任的基础上,而不是基于表面上的相似或共同点。创业团队需要在合作过程中不断地交流和沟通,建立相互理解和尊重的基础,这样才能建立起真正的合作关系。

在创业团队建立之初,要把最基本的责、权、利说得明白透彻,尤其是股权、利益分配等。这样可以避免在企业发展壮大后出现的矛盾和分歧。同时,创业团队成员也需要明确自己的职责和权利,遵守团队的规则和制度,这样才能保证团队的稳定和发展。

2. 创业者需要有使命感和责任感

创业者需要有强烈的使命感和责任感,这是推动创业团队前进的动力和源泉。创业者需要有远大的目标和梦想,明确创业的意义和价值,坚定不移地朝着目标前进。同时,创业者也需要有强烈的责任感,对自己、对团队、对客户、对社会负责,承担起应有的责任和义务,为实现创业目标而不懈努力。

使命感和责任感是创业者的精神支柱，可以激发创业者的内在动力和创造力，让他们在创业道路上走得更加坚定和自信。创业者需要具备高度的自我认知和自我驱动力，不断追求创新和进步，不断超越自己，为创业团队的成功和发展贡献自己的力量。

3. 必须有一套完善的管理制度和体系

创业团队必须有一套完善的管理制度和体系，包括团队的组织架构、建立连接、体制和体系建设、人才发展和文化建设等方面。这些制度和体系可以帮助创业团队更好地组织和管理团队成员，提高团队的效率和效益，推动创业团队的发展和成功。其中，团队的组织架构包括创业团队的管理层级、部门和岗位设置等，明确各个成员的职责和分工，确保创业团队的高效运转。建立连接包括建立有效的沟通机制，包括会议、邮件、即时通信等方式，确保创业团队成员之间能够及时沟通和交流，避免信息不畅和混乱。体制和体系建设包括建立完善的财务、人事、营销等方面的制度和体系，规范创业团队的管理和运营，确保创业团队的稳定和发展。人才发展和文化建设包括制定人才发展规划，培养和引进优秀的人才，建立积极向上的文化氛围，激发团队成员的创造力和创新精神。

4. 必须具备三大因素

创业团队必须具备的三大因素，即能带动气氛、鼓舞人心的领袖；有一群死心塌地跟着你干的兄弟；有一个靠谱的合伙人。

创业团队的核心人物或领袖是创业团队的灵魂，是创业团队的主心骨，是创业团队的核心竞争力。一个好的领袖，不仅可以带动创业团队的氛围和人心，激发每个人的热情和积极性，还可以为创业团队指明方向，带领大家一起朝着同一个目标前进。

创业团队不是一个人在战斗，而是一群人在战斗。一个好的领袖，不仅要能够带动团队的氛围和人心，还要能够吸引一群志同道合的兄弟跟着自己一起奋斗。这些兄弟可以在创业团队面临困难和挑战的时候，与创业团队一起并肩作战，共同战胜困难和挑战。

创业团队需要一个靠谱的合伙人，也就是创业团队的搭档。这个合伙人要具备一定的实力和资源，可以在创业团队需要的时候提供帮助和支持，也要能够与创业团队一起共同面对市场的竞争和风险。一个靠谱的合伙人可以为创业团队带来很多的帮助和支持，让创业团队在创业道路上走得更加顺利和稳定。

三、创业团队的管理

（一）创业团队有效管理的途径

创业团队有效管理的途径主要包括以下几方面。

1. 塑造团队文化

共同的文化理念是团队凝聚力的核心。共同的文化理念能凝聚人心，提高团队成员的认同感和归属感。

共同的愿景是团队前进的方向和动力。共同的愿景可以激发成员的工作热情和创造力，提高团队的工作效率和竞争力，为团队的发展指明方向。团队领导者应该制定清晰的愿景和目标，并与成员进行充分沟通和协商，以确保愿景和目标的可行性和可持续性。

共同的价值观是团队文化的核心，是形成共同行为规范的基础。团队成员应该认同并遵守共同的价值观，包括诚信、创新、责任、服务、尊重等基本原则，这些价值观可以增强团队成员的凝聚力和向心力，提高团队的工作效率和竞争力。

共同的文化氛围是团队文化的重要组成部分，包括文化仪式、文化活动、文化宣传等，这些文化氛围可以增强团队成员的认同感和归属感，提高团队的凝聚力和向心力，提高团队的工作效率和竞争力。

共同的行为规范是团队文化的基础。团队成员应该遵守共同的行为规范，包括工作流程、沟通方式、团队纪律等，这些行为规范可以增强团队成员的归属感和责任感，提高团队的工作效率和竞争力，促进团队的协作和发展。

2. 设置创业团队的组织结构

设置创业团队的组织结构有利于提高创业团队的效率和运作能力，下面是一些常见的创业团队组织结构（表 6-3）。

表 6-3　常见的创业团队组织结构

常见的创业团队组织结构	具体阐述
直线式组织结构	直线式组织结构是一种高度集中的组织结构，团队领导直接管理整个团队，下属员工只向一个领导汇报工作。这种结构的优点是沟通简单明了，命令和指示容易下达和执行；缺点是可能导致权力集中、决策缓慢和缺乏创新性
职能式组织结构	职能式组织结构是一种分工明确的组织结构，团队领导负责设计和执行具体的工作流程，下属员工只负责执行自己的工作任务。这种结构的优点是分工明确，专业性强；缺点是可能导致沟通不畅、协调困难和创新性不足
矩阵式组织结构	矩阵式组织结构是一种介于直线式和职能式之间的组织结构，团队领导负责设计和执行具体的工作流程，下属员工同时向两个或更多的领导汇报工作。这种结构的优点是可以整合不同部门的专业知识和资源，缺点是管理难度增加、协调成本较高
模拟分权式组织结构	模拟分权式组织结构是一种分权和集权相结合的组织结构，团队成员拥有自主决策的权利，同时接受来自上级领导的指导和监督。这种结构的优点是可以激发创新性和灵活性，缺点是可能导致责任不清、效率低下和缺乏稳定性

无论采用哪种组织结构，都需要根据团队的实际情况和创业项目的特点进行选择和优化，确保能够充分发挥团队成员的优势和潜力，提高团队的工作效率和竞争力。

3. 优化创业团队的运作机制

优化创业团队的运作机制可以提高团队的工作效率和竞争力，下面是一些常见的创业团队运作机制（表 6-4）。

表 6-4　常见的创业团队运作机制

常见的创业团队运作机制	具体阐述
自我管理机制	自我管理机制是一种以自我管理为核心的运作机制，团队成员自主决策、自主管理、自主解决问题。这种机制的优点是可以激发成员的创造性和潜力，缺点是可能导致责任不清、效率低下和缺乏稳定性

续表

常见的创业团队运作机制	具体阐述
项目管理机制	项目管理机制是一种以项目为导向的运作机制,团队成员按照项目计划和进度进行工作,领导进行监督和指导。这种机制的优点是可以提高工作效率和质量,缺点是可能导致资源浪费和协调不畅
竞争机制	竞争机制是一种通过竞争来激发团队成员工作积极性和创造性的运作机制,竞争对手之间相互竞争,团队成员之间相互竞争,领导进行监督和指导

(二)创业团队有效管理的技巧

概括来说,创业团队管理的技巧主要包括以下几方面。

1. 凝聚人心

创业团队的成功不仅仅是团队中每个成员个人的成功,还包括团队的整体利益和成功。团队成员需要意识到自己的个人利益是建立在团队成功的基础上的,而不是相反。只有当整个团队能够成功,每个成员才能获得自己的个人利益。因此,团队成员需要齐心协力,共同努力,以确保整个团队的成功。

2. 收益目标

创业者的目标应该是创办一家成功的公司,并使公司不断成长和发展,为股东和员工创造价值。团队成员需要认识到,只有当公司实现了成功,他们才能获得真正的成功和收益。因此,他们需要共同努力,不断学习和改进,以确保公司的成功。

3. 立足长远

创业是一个充满挑战和机遇的过程,团队成员需要具备坚韧不拔的毅力和决心,不断努力和奋斗,以克服各种困难和挑战,最终实现企业的长远目标。同时,团队成员需要不断学习和适应市场变化,不断创新和改进,以适应竞争环境和用户需求的变化。最后,团队成员需要注重团队合作和沟通，以保持团队的凝聚力和士气，共同推动企业的发展和壮大。

4. 公平分配

对关键员工的奖励以及团队的股本分配设计应该与一段时期内团队成员的贡献、业绩和成果挂钩，以确保公平、公正。具体来说，应该根据团队成员在过去的一段时间内的贡献和成果，包括完成的任务、创造的价值、带来的利润等等，来计算他们的奖励或者分配股份。此外，还应该确保每个成员都有平等的机会获得奖励或者分配股份，以避免任何一个人因为贡献不足或者其他原因而被排除在外。同时，应该建立一套完善的奖励和分配机制，以确保奖励和分配的公正性和透明度，并且能够持续地激励团队成员的积极性和创造性。

5. 合理授权

合理授权可以让每个成员充分展现自己的能力和潜力，能够促进个人职业的发展，也可以为团队的发展提供更多的可能性。合理授权可以提高团队的效率和生产力，因为授权可以减轻领导者的负担，可以让领导者将更多的精力放到更重要的工作上，从而提高团队的工作效率和生产力。

6. 团队凝聚力建设

建设团队凝聚力可以增强团队成员之间的沟通和合作。以下是一些建设团队凝聚力的方法（表 6–5）。

表 6–5　团队凝聚力建设的方法

团队凝聚力建设的方法	具体阐述
建立共同的目标和愿景	团队领导者应该建立清晰的团队目标和愿景，让团队成员了解团队的使命和愿景，增强团队成员对团队的认同感和归属感。同时，团队领导者还应该为团队成员提供明确的职责和角色，让团队成员更好地理解自己在团队中的定位和贡献
增强团队成员之间的沟通和合作	团队领导者应该鼓励团队成员之间的沟通和合作，提高团队的协作和沟通能力。通过讨论、会议和其他形式的交流，团队成员可以更好地了解彼此的想法和意见，增强团队的向心力和凝聚力

续表

团队凝聚力建设的方法	具体阐述
提供良好的工作环境和氛围	良好的工作环境和氛围可以增强团队成员的工作动力和积极性。团队领导者应该为团队成员提供一个舒适、整洁和有序的工作环境，鼓励团队成员之间的合作和交流，营造积极向上的氛围
奖励和认可团队成员的贡献	团队领导者应该建立一套奖励和认可机制，对团队成员的工作和贡献进行及时的认可和奖励，增强团队成员的归属感和自豪感。同时，团队领导者还应该建立一个公平、公正的评价体系，对团队成员进行客观、公正的评价，避免任何一个人因为贡献不足或者其他原因而被排除在外

第二节　创业资金的筹措

一、创业融资的概念

创业融资是指创业企业或拟创企业根据自身发展的要求，结合生产经营、资金需求等现状，通过科学的分析和决策，借助企业内部或外部的资金来源渠道和方式，筹集生产经营和发展所需资金的行为和过程。

二、创业融资的分类

根据不同的标准，创业融资可以有不同的分类。

（一）根据用途进行分类

根据用途，创业融资可以分为以下几种类型（表 6–6）。

表 6-6　根据用途对创业融资进行分类

类型	具体阐述
创业起步融资	创业起步融资主要用于企业的初始阶段，包括注册资本、办公场地、人员招聘等方面的资金需求
扩张融资	扩张融资主要用于企业的扩张阶段，包括市场开拓、产品研发、生产能力提升等方面的资金需求
并购融资	并购融资主要用于企业的并购阶段，包括收购资产、扩大市场份额等方面的资金需求

（二）根据融资期限进行分类

根据融资期限，创业融资可以分为短期融资和长期融资（表 6-7）。

表 6-7　根据融资期限对创业融资进行分类

类型	具体阐述
短期融资	短期融资通常期限在一年以内，主要包括短期贷款、短期融资券和短期票据等
长期融资	长期融资通常期限在一年以上，主要包括长期贷款、长期债券和长期股权投资等

（三）根据资金来源进行分类

根据资金来源，创业融资可以分为内源融资和外源融资（表 6-8）。

表 6-8　根据资金来源对创业融资进行分类

类型	具体阐述
内源融资	内源融资是指企业通过自身积累的资本或者留存收益进行的融资
外源融资	外源融资是指企业从外部筹集的资本，包括债权融资和股权融资

（四）根据投资主体进行分类

根据投资主体，创业融资可以分为个人创业融资和机构创业融资（表 6-9）。

表 6-9　根据投资主体对创业融资进行分类

类型	具体阐述
个人创业融资	个人创业融资主要涉及自然人向创业企业的贷款
机构创业融资	机构创业融资主要涉及金融机构向创业企业的贷款或者股权投资

三、创业融资的原则

创业融资的原则主要包括以下几方面(图 6-1)。

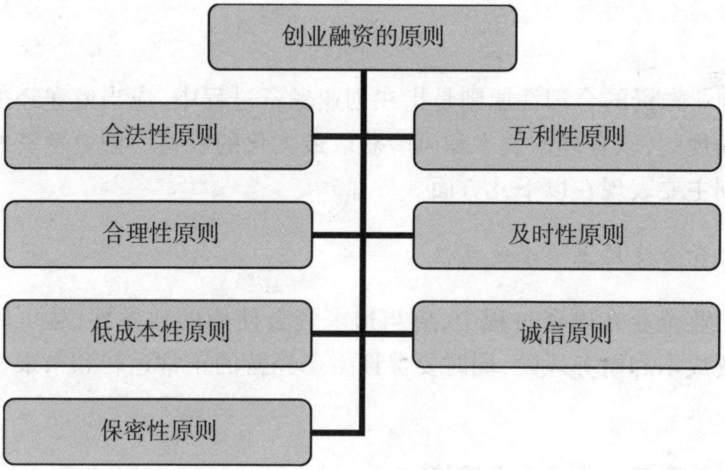

图 6-1　创业融资的原则

(一)合法性原则

创业融资的合法性原则是指在创业融资过程中,要遵守相关法律法规和市场规则,确保融资活动的合法性和规范性。

在创业融资过程中,创业者和投资者都应当遵守相关的法律法规,如《中华人民共和国公司法》《中华人民共和国证券法》《中华人民共和国合伙企业法》等。同时,创业企业在融资过程中,也要遵守相关的法律法规和市场规则,如《中华人民共和国合同法》《中华人民共和国劳动法》《中华人民共和国反不正当竞争法》等。这些法律法规和市场规则可以保障创业企业和投资者的合法权益,避免因违法违规行为而导致的法律风险和经济损失。

（二）互利性原则

在融资谈判中，无论双方的国家力量如何，也无论双方金融实力的强弱差别，谈判的结果应当符合双方的利益。平等互利的原则可以确保融资双方的合作关系具有稳定性和可持续性，有利于融资活动的顺利进行。

（三）合理性原则

创业融资的合理性原则是指在创业融资过程中，应当遵守经济规律和市场规则，以合理的成本和风险获取最大化的收益。创业融资的合理性原则主要表现在以下几方面。

1. 资金使用上追求效益性

创业企业在融资过程中，应当追求资金使用的效益性，尽可能地降低融资成本和财务风险，同时要保证生产经营的正常运转和未来发展的资金需求。

2. 资金数量上追求合理性

创业企业在融资过程中，应当根据自身的资金状况和生产经营状况，确定合理的融资规模和融资结构，避免融资过多或过少导致资金使用成本上升或经营风险加大。

3. 筹资渠道上追求以信誉取胜

创业企业在融资过程中，应当注重选择信誉良好、融资能力强的金融机构或投资人，并且要注重与其的沟通和合作，共同促进企业的发展。

4. 资金运作上追求增量筹资的同时还应更加注重存量筹资

创业企业在融资过程中，应当注重增量筹资和存量筹资的结合，通过吸引外部投资、寻求内部资金支持等方式，增加企业的资金来源，同时要注重存量资金的有效利用，提高资金使用效率。

（四）及时性原则

创业融资的及时性原则是指在创业融资过程中，要注重及时、准确地获取资金，确保企业生产经营的正常进行。及时性原则包括两个方面的含义：一是融资活动要及时启动，以尽快满足企业的资金需求；二是资金到位要及时，以保证企业生产经营的连续性和稳定性。

及时性原则还要求创业企业在融资活动中要注重时效性，及时跟进资金使用情况，确保资金使用的有效性和合理性。

（五）低成本性原则

创业融资的低成本性原则是指在创业融资过程中，要注重融资成本的控制，以降低企业的财务负担。

在创业融资过程中，融资成本的高低对企业的融资决策和融资效益产生重要影响。因此，创业企业在融资过程中，应当注重选择低成本的融资渠道和方式，如银行贷款、股权融资等，以降低企业的融资成本，促进企业的发展。

（六）诚信原则

创业融资的诚信原则是指在创业融资过程中，各方应当遵守诚实守信、诚信履约的原则，建立良好的信用基础。

在创业融资过程中，创业者和投资者都应当遵守诚实守信的原则，如实披露企业和资金情况，不进行虚假陈述和欺诈行为，保证资金使用的合法性和透明度。同时，创业企业在融资活动中也要遵守诚信原则，如实披露相关信息，遵守市场监管规则，维护市场公平竞争，建立良好的信用基础，为融资活动的开展创造良好的信用环境。

此外，创业融资的诚信原则还要求创业企业和投资者在合作过程中遵守承诺，如约定的投资金额、投资时间、投资方式等，确保投资活动的顺利进行。如果一方不履行承诺，将会对创业企业和投资者造成严重的损失，甚至可能导致合作关系破裂。

(七)保密性原则

创业融资的保密性原则是指在创业融资过程中,要注重保护企业和投资者的商业机密和知识产权,确保融资过程的公平、公正和透明。

在创业融资过程中,企业和投资者都需要保护自己的商业机密和知识产权,以避免因信息泄露而导致经济损失。因此,创业企业在融资过程中,要遵守保密性原则,确保融资过程的公平、公正和透明,同时要注重保护投资者的知识产权和商业机密,避免因商业机密泄露而影响融资效果。

此外,创业融资的保密性原则还要求创业企业在融资活动中要遵守相关的保密协议和知识产权法律法规,以确保企业和投资者的权益不受侵害。只有遵守相关的保密协议和知识产权法律法规,才能保障创业融资的公平、公正和透明,促进市场经济的健康发展。

四、创业融资的主要渠道

创业融资的渠道有很多种,以下是一些常见的方式(图 6–2)。

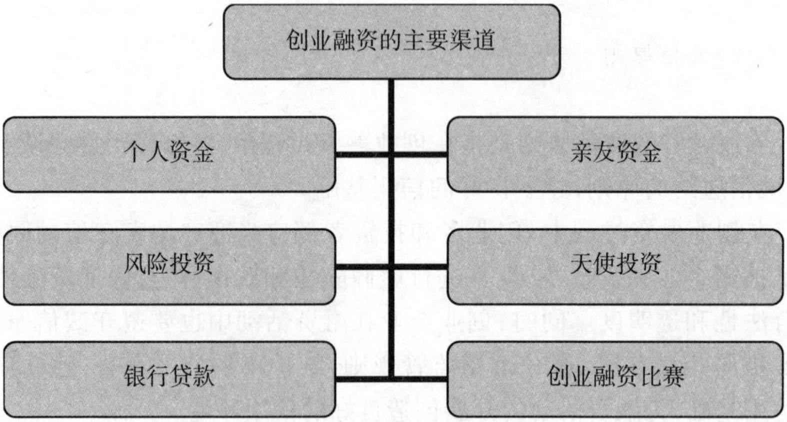

图 6–2　创业融资的主要渠道

(一)个人资金

对于高职学生创业者来说,个人资金往往来源于父母的资金支持以及自身资金的积累。这一创业融资渠道避免了从外部寻找投资者所占用的大量的精力、时间和费用。对于高职学生创业者来说,这些时间和费用是非常宝贵的。他们可以将这些时间和费用投入到创业项目的推广和发展中,从而更快地实现自己的创业梦想。

(二)亲友资金

亲友资金是一种重要的创业融资来源,因为它具有以下优点(表6-10)。

表 6-10　亲友资金的优点

亲友资金的优点	具体阐述
没有烦琐的手续	亲友之间的借款不需要太多的文书手续,也不需要担保或抵押,这大大简化了融资的流程
成功率高	由于亲友之间的信任和了解,他们可能更愿意提供高额的投资,这有助于新创企业快速发展
高附加值服务	亲友之间的支持可能会带来其他的好处,比如市场营销、品牌推广、客户资源等,这些都能够为新创企业带来更多的机会和竞争优势

然而,亲友资金也存在一些缺点,这主要表现在以下几方面。

第一,亲友之间的借款可能会导致信用风险,因为借款人可能无法按时还款,这会影响创业者的信用记录和声誉。

第二,亲友之间的借款可能会带来沟通和协调上的困难,因为借款人和创业者之间可能存在差异和分歧,需要双方进行有效的沟通和协调。

第三,亲友之间的借款可能会受到家庭和社交圈子的影响,如果借款人不愿意提供支持和帮助,这可能会对创业者的融资造成不利影响。

因此,高职学生创业者在选择亲友资金作为融资来源时,需要仔细评估风险和收益,并在融资前与亲友进行充分的沟通和协商,以确保借款的安全和有效性。

(三)风险投资

风险投资是一种为初创企业提供资金和支持的形式,通常由专业的风险投资机构进行。风险投资人在提供资金的同时,也会积极参与企业的战略决策和管理,帮助企业快速成长和发展。风险投资主要是在高风险的情况下追求高收益。风险投资人通常会通过多种方式为初创企业提供支持,包括资金、战略建议、市场拓展、人才引进等。

(四)天使投资

天使投资是一种早期投资形式,通常是由有经验的个人或天使投资机构为初创企业提供资金。天使投资人通常会为企业提供资金和管理经验,并在企业扩张时提供更多的支持。与风险投资不同,天使投资人一般不会参与企业的日常运营,而是给企业提供指导和建议。天使投资对于创业生态系统的运作也有着重要的影响,它为初创企业提供了资金和管理支持,推动了创新和经济增长。

(五)银行贷款

银行贷款是一种常见的融资方式,适用于需要大量资金投入的企业,但需要具备抵押品或信用担保。银行贷款通常需要企业提供抵押品或信用担保,以确保贷款能够得到归还,并降低贷款风险。银行贷款的利率通常比较低,但需要按照约定的还款计划进行还款。银行贷款通常分为短期贷款和长期贷款,短期贷款适用于短期资金周转,长期贷款适用于长期投资和发展。在申请银行贷款时,企业需要提供相关的财务资料和抵押品或担保人的信息,并经过银行的审核和评估后才能获得贷款。银行贷款虽然需要一定的抵押品或担保,但它可以为企业的经营和发展提供重要的资金支持。

(六)创业融资比赛

创业融资比赛是一种为初创企业提供资金的活动,通常由专业的投资人或创业服务机构组织。参赛者需要提交商业计划书,并经过评审团的评估和筛选,才能获得融资支持。

五、创业融资的过程

创业融资的过程主要包括以下几方面。

(一)充分的市场调查

在创业融资中要进行充分的市场调查。市场调查是能够描述创业想法的可行性和需求状况的实证数据,是研究经营决策的前提。只有对市场做出科学的分析和判断,决策才有针对性,融资才有可靠的基础。

(二)企业的自身建设

对于新开办的企业,为了吸引投资者投资,需要在管理团队、盈利模式、产品和技术、良好的信用记录等方面建立起优秀的形象和声誉,这些方面不仅是企业融资前吸引投资者的信息,也是融资后实现融资目标的重要保证。

1. 管理团队

管理团队是企业的核心,需要有一支优秀的管理团队来领导和管理企业。管理团队需要具备丰富的行业经验、卓越的领导能力和管理技能,以及良好的职业道德和诚信意识。同时,管理团队还需要具备创新能力和市场洞察力,以及对企业发展的战略规划和执行能力。

2. 盈利模式

盈利模式是企业能够持续发展的重要保障,需要有一套清晰、可行的盈利模式来实现企业的发展目标。盈利模式需要结合市场需求和企业资源,制定出科学、可持续的商业计划,并通过有效的执行和管理来实现企业的盈利目标。

3. 产品和技术

产品和技术是企业的核心竞争力,需要有一系列优秀的产品和技术来满足市场需求和客户需求。产品和技术需要具备先进性和创新性,能够满足市场的变化和客户的需求,同时也需要具备可持续性和可扩展性,以便企业在市场竞争中保持竞争力。

4. 良好的信用记录

良好的信用记录是企业融资的重要保证,需要具备良好的信用记录和信用评级。良好的信用记录可以增加投资者的信任和投资意愿,同时也可以降低企业融资的成本和风险。

(三)完整的融资计划

融资计划是指企业在融资过程中所制定的具体融资方案,一份完整的融资计划应该包括以下内容(表 6-11)。

表 6-11　一份完整的融资计划应该包括的内容

内容	具体阐述
项目简介	简要介绍项目的背景、目的、意义和商业模式等内容
项目分析	对项目进行全面的分析和评估,包括市场分析、竞争分析、财务分析等方面
融资需求	详细说明企业融资的金额、用途和还款来源等内容
资金筹措	说明企业如何筹措融资资金,包括但不限于股权融资、债权融资、融资租赁等方式
融资方案	详细说明企业的融资方案,包括但不限于融资金额、融资期限、融资成本、还款方式等内容
财务分析	对融资方案进行财务分析,包括但不限于财务报表分析、财务风险分析等方面
风险控制	说明企业对风险的控制措施,包括但不限于风险管理策略、风险转移措施等方面
融资退出	说明企业在融资后的退出方案,包括但不限于回购股权、出售资产等方面

(四)明确的投资回报

在融资前确定选择什么样的回报方式非常重要,因为不同的回报方式会对企业或投资者产生不同的影响。选择合适的回报方式可以提高企业或项目的吸引力，让投资者感觉其资金投放于企业比放在银行或自己投资要好。

第三节　新企业的创办

一、企业组织形式的选择

（一）企业组织形式的含义

企业组织形式是指企业存在的形态和类型，主要有独资企业、合伙企业和公司制企业三种形式。

1. 独资企业

这种形式的企业只有一位投资人，投资人对企业的债务承担无限责任。企业的寿命受制于投资人的寿命，且权益转让较为困难。

2. 合伙企业

这种形式的企业由两个或两个以上的合伙人共同出资。合伙人对企业债务承担无限连带责任，权益转让同样较为困难。合伙企业的寿命受制于最后一个合伙人的寿命。

3. 公司制企业

这种形式的企业通过注册成立，有独立的法人财产，享有法人财产权。企业以全部财产对公司的债务承担责任，股东则以认缴的出资额或认购的股份为限对公司的债务承担责任。公司制企业可以无限存续，不受投资者寿命的限制。

(二)影响企业组织形式选择的因素

当企业创始人需要考虑组织形式时,他们需要考虑以下因素。

1. 税收

不同的组织形式面对的税收规定有所不同。例如,个体工商户和独资企业需要缴纳个人所得税,而有限责任公司则需要缴纳企业所得税。税收政策可能会对企业的盈利能力和税务负担产生重大影响。因此,在选择组织形式时,企业需要仔细研究各种组织形式的税收政策,并选择最适合自身的组织形式以降低税务负担和财务成本。

2. 资本和信用的需求程度

不同的组织形式对资本和信用的需求程度不同。例如,股权公司和有限责任公司需要一定的资本和信用,而个体工商户和独资企业则没有这个要求。此外,组织形式也会影响企业获取资本和信用的难易程度。因此,在选择组织形式时,企业需要根据自身的实际情况选择最适合的组织形式,以满足企业的资本和信用需求。

3. 创业者获取利润与风险承担能力的权衡

不同的组织形式对应的利润和风险也不同。例如,个体工商户和独资企业的利润和风险由个人承担,而股权公司和有限责任公司则可以通过公司形式的组织来降低个人的风险和责任。在选择组织形式时,企业需要根据自身的实际情况和创业者的风险承受能力选择最适合的组织形式,以平衡获取利润和承担风险的能力。

4. 经营事业的范围

不同的组织形式对应不同的经营范围。例如,有些经营业务可能只适合个体工商户或独资企业,而有些则可能更适合于选择股权公司或有限责任公司。在选择组织形式时,企业需要考虑自身的经营事业范围,选择最适合的组织形式。

5. 扩大规模的需求

如果企业有扩大规模的需求，那么就需要选择一种适合规模扩张的组织形式。例如，有限责任公司适合于规模较大的企业，个体工商户和独资企业则适合于规模较小的企业。在选择组织形式时，企业需要考虑未来的发展计划，选择最适合的组织形式以支持企业的发展战略。

二、企业注册流程

新企业的注册流程包括以下步骤（图 6–3）。

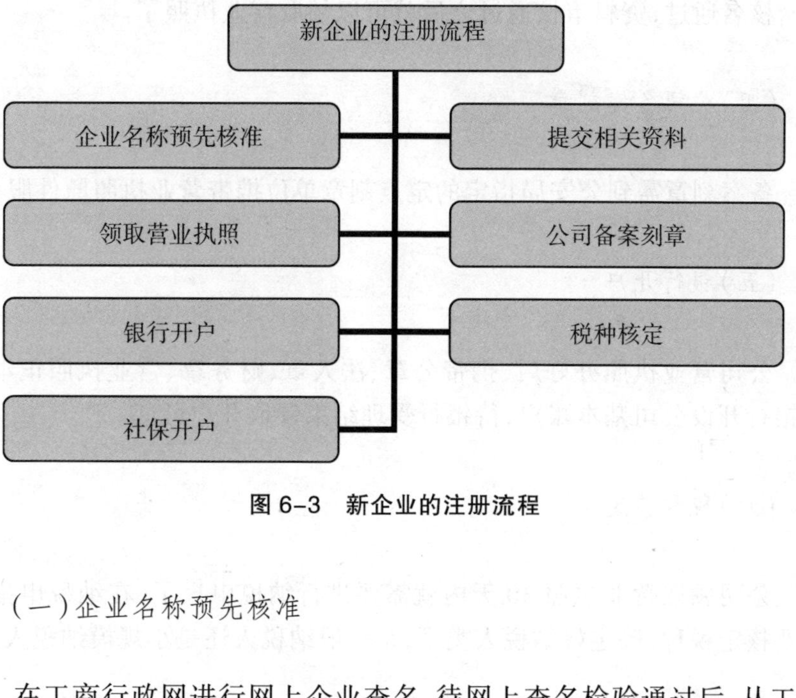

图 6–3　新企业的注册流程

（一）企业名称预先核准

在工商行政网进行网上企业查名，待网上查名检验通过后，从工商行政网打印一套企业名称预先核准申请书，携带申请书上要求的材料，填写完毕直接到工商局提交申请。审核通过，同意预先核准，工商局打印“企业名称预先核准通知书”。

（二）提交相关资料

确定公司经营范围，开业资料主要包括房产租赁合同、房产证复印件、房产信息单、公司章程、股东会决议、指定委托人、名称核准信息单。在这一步，需要准备的材料包括公司章程、股东会决议、指定委托人、企业名称预先核准通知书、公司住所证明、法定代表人身份证复印件等。

（三）领取营业执照

核名通过，资料审核通过之后就可以领取营业执照了。

（四）公司备案刻章

备案刻章需到公安局指定的定点刻章单位携带营业执照原件服务。

（五）银行开户

公司营业执照办好后，携带公章、法人章、财务章、营业执照正本前去银行开设公司基本账户，待银行受理结束领取开户可证。

（六）税种核定

公司领取营业执照 30 天内就需要进行纳税申报了，在纳税申报时需要核定税种，确定好纳税人类型，是一般纳税人还是小规模纳税人。

（七）社保开户

公司开业不光需要纳税申报，还需要缴纳社保，所以需要进行社保开户，开户后就可以正常缴纳五险一金了。

以上就是新企业注册的基本流程。需要注意的是，不同地区的工商行政机关可能有些许不同，具体情况还需根据所在地的规定操作。

第四节　新创企业的有效管理

一、新创企业的财务管理

财务管理是一项组织企业财务活动,处理财务关系的管理工作,是企业管理的一个组成部分。具体来说,财务管理包括以下几方面内容(图 6-4)。

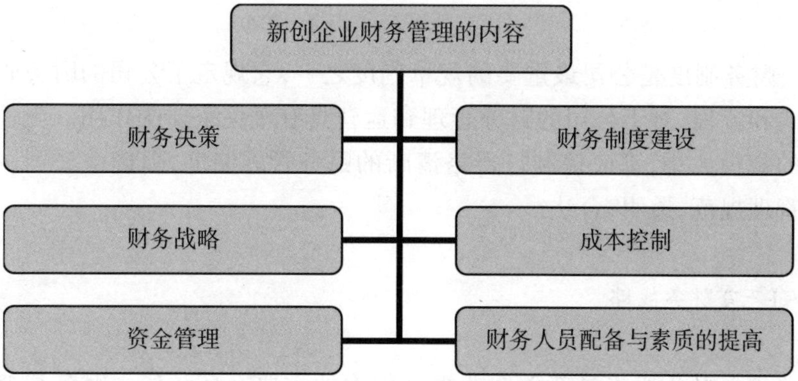

图 6-4　新创企业财务管理的内容

(一)财务决策

1. 掌握资金运转规律

创业者应了解资金的来源和用途,以及资金的运转周期和速度。只有掌握了资金的运转规律,才能制定出合理的财务决策。

2. 对财务问题进行多方面考察

创业者应对公司的财务问题进行多方面的考察,包括财务报表、财务指标、市场数据、行业动态等,以便全面了解公司的财务状况,并做出更加准确的决策。

3. 建立有效的财务管理体系

创业者应建立有效的财务管理体系,包括预算管理、资产管理、投资管理、利润分配管理等,以便对公司的财务活动进行有效的管理和控制。

4. 寻求专业的财务咨询

创业者应寻求专业的财务咨询,以便获得更加专业的财务建议,并制定出更加符合实际情况的财务决策。

(二)财务制度建设

财务制度是公司最重要的规章制度之一,它规定了公司的财务管理方式和流程,对于公司的财务管理和运营具有至关重要的作用。无论公司的规模大小,都应该制订严格清晰的财务管理制度,以确保公司的财务管理规范、透明、合法。

(三)财务战略

建立财务战略是新创企业提高能力的重要一环。建立财务战略的步骤如下。

1. 明确财务目标和战略方向

在开始制订财务战略之前,企业应明确其财务目标和战略方向。这些目标应该是长期性的,能够为企业带来持续的收益和增长。同时,企业也应该明确其在行业内的竞争优势和核心竞争力,以便于制订合适的财务战略。

2. 评估企业的财务状况

在制订财务战略之前,企业应对其财务状况进行评估,了解其财务健康状况、财务实力和财务风险等方面。评估的重点应该是企业的资产负债表、损益表和现金流量表等财务报表,以便于制订合理的财务战略和规划。

3. 制订财务战略

根据企业的财务状况和评估结果，制订合适的财务战略。财务战略应该包括企业的财务目标、战略方向、财务策略和预算等方面。企业应该在财务战略中明确其资金来源、资金运用和资金收益等方面的计划和策略。

4. 实现财务战略

在制订财务战略后，企业应该按照其制订的财务战略来实现其财务目标和战略方向。企业应该根据财务战略的要求，制定相应的财务计划和预算，并在实际运营中严格执行。同时，企业也应该定期对财务战略进行评估和调整，以便于适应市场变化和企业发展需要。

5. 执行财务战略

为了确保财务战略的有效执行，企业应该建立相应的执行机制，包括财务报告和信息披露机制、内部控制机制和风险管理机制等。企业应该定期对财务战略的执行情况进行评估和调整，以便于及时纠正偏差和调整财务战略。

总之，建立财务战略是新创企业提高能力的重要一环。企业应该明确财务目标和战略方向，评估其财务状况，制订合适的财务战略，实现其财务目标和战略方向，并执行其财务战略，以确保企业的财务管理规范、透明、合法。

（四）成本控制

成本控制可以帮助企业降低成本，提高效率，增加盈利。以下是一些新创企业可以采取的成本控制措施。

1. 优化采购流程

采购流程对于企业的成本控制非常重要。企业管理者可以通过优化采购流程，来降低采购成本和采购周期，从而提高企业的效益。

2. 控制成本预算

制定合理的成本预算可以帮助企业管理者了解其成本支出的大小和方向，从而有效地控制成本。企业管理者可以通过对成本进行分析和评估，制定出符合实际情况的成本预算。

3. 实行标准化管理

实行标准化管理可以帮助企业管理者对企业的各项流程和工作进行规范化管理，减少重复工作和浪费。企业管理者可以通过制定标准化的流程和工作规范，来减少人为因素对成本的影响。

4. 建立成本管理系统

建立成本管理系统可以帮助企业管理者对企业的成本进行全面的管理和控制。企业管理者可以通过引入信息技术等方式来建立成本管理系统，实现成本数据的实时收集和分析，从而及时发现和解决成本管理中的问题。

5. 加强人力资源管理

人力资源管理对于企业的成本控制也非常重要。企业管理者可以通过制定合理的薪酬制度、培训计划等方式来提高员工的工作效率和质量，从而降低企业的人力成本。

(五)资金管理

创业初期，资金不足是很多新创企业面临的普遍问题。为了加强资金管理，企业管理者可以采取以下几种方法。

1. 优化资金结构

优化资金结构可以帮助企业管理者降低财务风险，提高资金使用效率。企业管理者可以通过资金分配、资产管理和负债管理等方式来优化资金结构，例如通过合理安排债务和投资的比例，降低财务风险。

2. 制定预算和资金计划

制定预算和资金计划可以帮助企业管理者更好地掌控资金流向和使用情况。预算包括收入预算、成本预算和资金预算等,可以帮助企业管理者明确各项支出的规模和时间,从而有效地控制成本和资金。资金计划则是将资金分配到各个项目中,确保资金的合理分配和使用。

3. 引入投资

引入投资可以帮助企业管理者扩大业务规模,加快企业发展速度。企业管理者可以通过引入风险投资、私募股权基金等方式来获取资金,从而为企业的长期发展提供资金支持。

4. 加强内部控制

加强内部控制可以帮助企业管理者规范资金管理,防止资金流失和浪费。企业管理者可以通过制定内部控制制度、建立监督机制等方式来加强内部控制,保证资金的合法、合理使用。

5. 控制现金流

现金流对于企业的生存和发展至关重要。企业管理者应该控制现金流的流入和流出,通过现金管理和收支平衡等方式来保证企业的现金流稳定。

(六)财务人员配备与素质的提高

财务人员的素质和技能对于新创企业的财务管理至关重要。新创企业应该选择具备忠诚、可靠、专业、精干素质的财务人员,并加强对其的培训和教育。具体而言,可以通过以下方式来提高财务人员的素质和技能。

1. 加强团队合作和沟通

新创企业的财务人员需要具备团队合作和沟通的能力,以便于与其他部门的合作和沟通,共同推动企业的财务管理和发展。

2. 建立完善的奖励和激励机制

新创企业可以建立完善的奖励和激励机制，以激发财务人员的积极性和主动性，从而提高他们的素质和技能。

3. 定期进行财务知识和技能的培训和教育

新创企业可以定期组织财务人员参加各种财务培训和教育课程，以提高他们的专业知识和技能，包括财务管理、财务决策等方面的内容。

4. 引入职业经理人制度

新创企业可以引入职业经理人制度，让有经验的财务人员担任高级管理职位，从而提高企业的管理水平和财务人员的素质和技能。

二、新创企业人力资源管理

新创企业人力资源管理的内容主要包括以下几方面（图 6–5）。

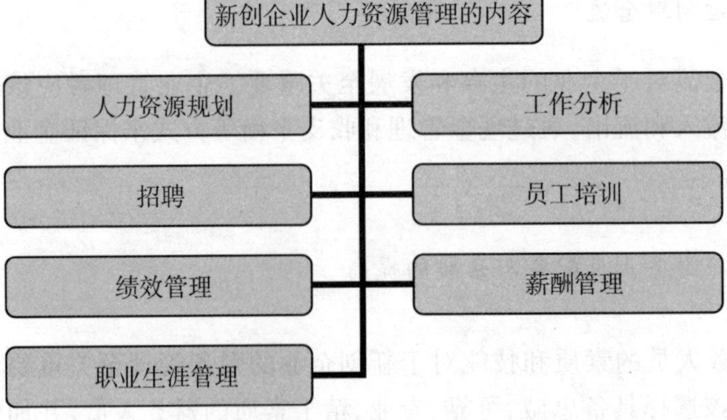

图 6–5　新创企业人力资源管理的内容

（一）人力资源规划

人力资源规划包括人力资源整体规划和人力资源业务规划两个层次。

人力资源整体规划是指企业根据其发展战略和经营目标，对企业未来的人力资源进行全面的战略性的规划，包括人力资源的数量、质量、结构、素质等方面的规划。

人力资源业务规划是指企业在人力资源整体规划的基础上，对具体的人力资源管理业务进行的规划，包括人员配备计划、人员退出计划、人员补充计划、人员培训开发计划、人员绩效与薪酬福利计划、人员劳动关系管理等方面的规划。

(二)工作分析

工作分析是人力资源管理工作的基础，其分析质量对其他人力资源管理模块具有举足轻重的影响。工作分析的主要任务如下(表 6-12)。

表 6-12　工作分析的主要任务

工作分析的主要任务	具体阐述
规定职务性质和特征	即明确规定职务的职权、职责、工作内容、工作关系、工作时间、工作地点等
确定工作量	即明确规定职务所需完成的工作任务及工作量
分析工作难度	即明确规定职务完成工作所需具备的知识、技能和能力等
确定工作关系	即明确规定职务与其他职位、部门或团队之间的关系
明确工作环境	即明确规定职务所处的工作物理环境、社会环境和心理环境等
分析任职资格	即明确规定任职者必须具备的教育程度、工作经验、技能和能力等
提出人员培训和发展建议	即根据分析结果，提出对员工进行培训和职业发展的建议

工作分析是一个持续不断的过程，其目的是提高工作效率和质量，帮助企业吸引和留住优秀人才，提高组织绩效。工作分析通常包括以下几个步骤(表 6-13)。

表 6-13 工作分析的步骤

工作分析的步骤	具体阐述
确定工作分析的范围和目的	即明确规定工作分析的对象、范围和目的
收集工作信息	即通过各种途径收集与工作相关的信息，包括职务说明书、组织结构图、职位描述、工作日志等
进行工作分析信息的整理和分析	即对收集到的工作信息进行整理和分析，提取出工作的相关信息，包括职务性质、任务、职责、权力、工作条件、工作量、工作难度、工作关系、任职资格等
制定工作规范	即根据分析结果，制定出工作规范，包括工作职责、工作量、工作难度、工作关系、任职资格等方面的规定
确定工作规范的适用性	即根据工作分析的结果，确定工作规范的适用性，包括是否需要对工作规范进行修订、如何修订等
发布工作规范	即将工作规范发布给相关人员，并对其进行培训和宣传，帮助他们理解和遵守工作规范

工作分析的结果对于组织和个人都具有重要意义。对于组织而言，工作分析可以帮助组织明确岗位职责、规范工作流程、优化组织结构、提高员工绩效等，从而提高组织的效率和竞争力。对于个人而言，工作分析可以帮助个人明确自己的职业发展方向、提高技能和能力、适应组织和岗位的要求等，从而实现个人的职业发展。

（三）招聘

员工招聘的基本程序包括以下几方面（表 6-14）。

表 6-14 员工招聘的基本程序

员工招聘的基本程序	具体阐述
确定招聘需求	人力资源部门根据公司的战略发展规划和人力资源规划，确定招聘的岗位、数量和质量等招聘需求
制定招聘计划	人力资源部门根据招聘需求，制定招聘计划，包括招聘渠道、招聘时间、招聘预算等内容
发布招聘信息	人力资源部门通过招聘网站、招聘会、内部员工推荐等多种渠道发布招聘信息，吸引符合条件的应聘者

续表

员工招聘的基本程序	具体阐述
安排面试	人力资源部门根据招聘需求和应聘者的申请,安排面试,对应聘者进行初步筛选
确定录用人选	人力资源部门根据面试结果和岗位要求,确定录用人选,与应聘者签订劳动合同或实习协议
入职手续办理	录用人选办理入职手续,包括签订劳动合同、办理社保公积金等手续

需要注意的是,员工招聘的流程和注意事项可能因企业规模、行业、岗位性质和发展阶段等因素而有所不同,但一般来说,员工招聘的基本流程包括以上几个环节。

(四)员工培训

员工培训是指企业为了提高员工的知识、技能和能力,使其更好地适应工作要求而进行的各种培训活动。员工培训一般包括以下几个步骤(表 6–15)。

表 6–15　员工培训的步骤

员工培训的步骤	具体阐述
培训需求评估	培训需求评估是指对组织的培训需求进行全面的评估,包括组织层面分析、工作状况层面分析和员工层面分析。通过评估,确定培训的重点和方向
制定培训方案	制定培训方案是指根据培训需求评估的结果,制定详细的培训计划,包括培训目标、培训方法、培训媒体、培训地点、课程内容简介、相关案例和各种活动。在培训方案中,要明确培训的目的、对象、时间、地点、师资等具体内容
培训效果评估与转化	培训效果评估是指对培训的效果进行评估,包括对课程设计、培训方式和培训效果的评估。通过评估,了解员工对培训的反馈和掌握程度,以及培训对工作绩效的改善程度。同时,将评估结果反馈给员工,帮助员工将培训内容转化为具体的工作绩效
建立员工培训档案	建立员工培训档案是指将员工的培训记录和成果建立档案,包括培训时间、培训内容、培训方式、考核结果等信息,为后续的员工培训提供参考和依据
持续改进员工培训	持续改进员工培训是指对员工培训进行持续的改进和优化,根据实际工作需要和员工反馈,不断调整和完善培训计划和方案,提高员工的工作绩效和企业的竞争力

（五）绩效管理

绩效管理是指通过绩效目标的制定、绩效辅导、绩效考核、绩效改进等一系列过程，来实现组织和个人绩效的提升和改进的管理方法。

绩效管理的流程一般包括以下几个步骤（表 6–16）。

表 6–16 绩效管理的流程

绩效管理的流程	具体阐述
制定绩效计划	明确组织和个人的绩效目标，确定绩效考核的周期和考核指标
绩效辅导	在绩效考核周期开始前，进行绩效辅导，帮助员工了解自己的工作任务和目标，明确绩效改进的方向和措施
绩效考核	在绩效考核周期内，进行绩效考核，评估员工的工作绩效，发现问题并及时给予反馈和指导
绩效改进	在绩效考核周期结束后，进行绩效改进，帮助员工分析绩效问题，制定改进计划，并监督执行情况
绩效反馈	在绩效考核周期结束后，将考核结果反馈给员工，帮助员工了解自己的绩效表现和需要改进的方面，并提供必要的支持和指导
绩效奖惩	根据绩效考核结果，进行奖惩，激励员工更好地发挥自己的工作潜力，实现组织的目标

（六）薪酬管理

1. 薪酬管理的核心

薪酬管理的核心是通过对员工薪酬的适当管理和分配，建立一套完整、系统的薪酬体系，以激励员工的积极性和创造力，从而实现企业的战略目标。

2. 薪酬管理的重要性

薪酬管理的重要性在于它可以提高员工的工作积极性和生产力。同时，薪酬管理还可以帮助企业制定合理的薪酬策略，建立有竞争力的薪酬结构，提高员工的满意度和忠诚度。

3. 薪酬管理的目的

薪酬管理的目的是通过对员工薪酬的适当管理和分配，提高员工的工作积极性和生产力，同时吸引和保留优秀的人才，从而实现企业的可持续发展。

4. 薪酬管理的内容

薪酬管理的内容包括薪酬策略、薪酬计划、薪酬结构、薪酬构成、薪酬分配、薪酬调整等方面。薪酬策略是指企业薪酬管理的总体方向和目标，它决定了薪酬管理的基本方向和原则；薪酬计划是指企业制定的长期薪酬计划，它决定了员工薪酬的增长速度和结构；薪酬结构是指企业薪酬的组成部分及其比例关系，它决定了薪酬的公平性和合理性；薪酬构成是指企业员工薪酬的具体构成及其计算方法，它决定了员工薪酬的具体数额和构成；薪酬分配是指企业根据员工的工作表现和工作业绩，对员工薪酬进行分配的过程；薪酬调整是指企业根据市场环境和企业发展状况，对员工薪酬进行调整的过程。

（七）职业生涯管理

职业生涯管理是企业帮助员工制定职业生涯规划和帮助其职业生涯发展的一系列活动。职业生涯管理主要包括以下几方面内容（表6-17）。

表 6-17 职业生涯管理的内容

职业生涯管理的内容	具体阐述
职业定位	确定个人的职业定位，即个人想从事什么类型的工作，以及个人的能力和素质是否符合所选职业的要求
职业生涯路线规划	个人应当根据自己的兴趣、优势、价值观和发展目标来规划自己的职业生涯路线
制定行动计划	根据职业生涯路线规划，制定具体的行动计划，以逐步实现职业生涯目标
反馈与调整	定期评估自己的职业生涯目标和行动计划是否实现，如有需要，及时进行调整

参考文献

[1] 潘斌 . 高校创新创业人才培养模式研究 [M]. 北京 / 西安：世界图书出版公司，2018.

[2] 刘媛 . 高职院校创新创业教育理论与实践研究 [M]. 北京：经济日报出版社，2018.

[3] 侯力红，姬春林 . 互联网＋大学生创新创业教育研究 [M]. 北京：科学技术文献出版社，2017.

[4] 刘锦峰 . 创新与突破：高职电子商务专业群人才培养体系构建与实践 [M]. 北京：北京理工大学出版社，2021.

[5] 覃伟赋，周治，邱薏榕 . 大学生创新创业指导教程 [M]. 成都：电子科技大学出版社，2019.

[6] 张宇，赵丽丽，孙雪娇，等 . 创业政策汇编 [M]. 天津：天津大学出版社，2017.

[7] 黄华 . 如何赢得创新创业大赛 [M]. 北京：化学工业出版社，2019.

[8] 于澍，周葛龙，邵超 . 高职学生创新创业教育基础 [M]. 成都：西南交通大学出版社，2021.

[9] 经巧平 . 大学生创新创业教育理论与实践研究 [M]. 北京：中国原子能出版社，2020.

[10] 姜文龙 . 大学生创新创业基础教程 [M]. 北京：高等教育出版社，2019.

[11] 陈审声 . 基于"互联网 +"视角下的大学生创新创业教育 [M]. 北京：冶金工业出版社，2019.

[12] 芮鸿岩，戴斌荣 . 当代大学生创新创业理论与实践 [M]. 北京：高等教育出版社，2018.

[13] 储克森，姚晓峰 . 创新创业教育 [M]. 北京：机械工业出版社，2020.

[14] 徐岩，汪利辉 . 理工科大学生创新创业教育实务手册 [M]. 济南：山东人民出版社，2017.

[15] 本书编写组 . 大学生创业优秀案例 [M]. 北京：高等教育出版社，2015.

[16] 王文利，许丽洁 . 大学生创业的八堂必修课 [M]. 西安：西安电子科技大学出版社，2016.

[17] 夏欣，张平，李运祥 . 创业基础 [M]. 武汉：武汉理工大学出版社，2016.

[18] 葛骁欧，闫海军 . 新常态下"大众创业 万众创新"成功案例与启示 [M]. 沈阳：辽宁大学出版社，2018.

[19] 杨红卫 . 大学生创新创业实践研究 [M]. 北京：群众出版社，2020.

[20] 胡楠，郭勇 . 大学生创新创业指导 [M]. 北京：人民邮电出版社，2017.

[21] 左军 . 创业基础教程 [M]. 北京：科学出版社，2020.

[22] 冉小峰，施锦丽 . 深化高等教育改革创新人才培养 [M]. 北京：旅游教育出版社，2021.

[23] 陈雄 . 大学生创新创业实务 [M]. 厦门：厦门大学出版社，2019.

[24] 马冰清，刘蜀 . 创新创业 [M]. 成都：电子科技大学出版社，2018.

[25] 连银岭 . 大学生创新创业教育 [M]. 北京：北京理工大学出版社，2018.

[26] 陆玉梅 . 中小企业创业创新管理 [M]. 西安：西安电子科技大学出版社，2019.

[27] 姚飞，谢觉萍，中国市场营销研究中心，等 . 创业管理演练、实训与微课 [M]. 大连：大连理工大学出版社，2018.

[28] 吴放，姚远作，刘向君 . 社会主义核心价值观融入大学生创新

创业教育研究 [M]. 成都：四川大学出版社，2021.

[29] 张玉利，薛红志，陈寒松，等 . 创业管理 [M]. 北京：机械工业出版社，2016.

[30] 廖非，邓永霞 . 高职大学生创业基础 [M]. 北京：人民邮电出版社，2020.

[31] 黄欢 . 大学生创业这点事 [M]. 上海：立信会计出版社，2018.

[32] 易高峰 . 数字经济时代创新创业教程 [M]. 南京：南京大学出版社，2022.

[33] 徐俊祥，徐焕然 . 创未来 [M]. 北京：现代教育出版社，2017.